지금부터
주식해도
아파트산다

차트여신의 투자 비법 특강
지금부터 주식해도 아파트 산다

초판 1쇄 발행 | 2019년 10월 25일
지 은 이 | 감은숙
펴 낸 이 | 이성범
펴 낸 곳 | 도서출판 타래
책 임 편 집 | 정경숙
표 지 디 자 인 | 김인수
본 문 디 자 인 | 권정숙
캐릭터디자인 | 권혜경

주소 | 서울시 마포구 성지3길 29 그레이트빌딩 3층
전화 | (02)2277-9684~5 / 팩스 | (02)323-9686
전자우편 | taraepub@nate.com
출판등록 | 제2012-000232호

ISBN 978-89-8250-118-0 (13320)

- 이 책은 저작권법에 의해
  한국 내에서 보호를 받는 저작물이므로
  무단 전재와 무단 복제를 금합니다.
- 값은 뒤표지에 있습니다.
- 파본은 구입한 서점에서 교환해 드립니다.

차트여신의 투자 비법 특강

지금부터 주식해도 아파트 산다

감은숙 지음

도서출판 **타래**

PROLOGUE 지금부터 주식해도 아파트 산다

수익을 내는
투자를 하자

'나는 차트쟁이다', 차트를 분석하는 데는
대한민국 최고라고 자부한다.

포털 다음의 최대 주식 카페 운영자님은 내가 오프라인 회장을 할 때부터 나를 지켜보면서 '차트여신'이라는 필명을 붙여주었다.
처음 전문가 런칭을 할 때 거두절미하고 아무런 고민도 없이 나는 이 필명을 선택했다.
한편으로는 '차트'라는 것 때문에 이미 누군가 쓰고 있는 필명이 아닐까 걱정을 했었는데, 걱정과는 달리 처음 이 필명을 등록할 때, 전문가뿐 아니라 일반 회원 그 어느 누구도 차트여신이라는 필명을 가진 사람은 없었다.

'차트여신'인 나는 '차트쟁이'라고 할 수 있지만, 절대로 일반 차트 분석사들과는 차별화된 분석을 한다.

기술적 분석과 기본적 분석, 그리고 가장 중요한 'Mind Control' 방법이 이 책 한권에 모두 수록되어 있다.

종목을 매수함에 있어 기업 내재 가치와 재료 분석은 필수이다.

그 이후 모든 게 상승할 수 있는 조건에 부합한다면, 또는 차트가 너무 예술적인데 차후 기본 베이스가 따라준다면 종목을 선택하는데 있어 좋을 것이다.

과연 개인들이 수익을 창출하는 투자 지표로 무엇이 가장 정확할까? 그것은 바로 차트이다.

재료나 이슈, 기본적 분석은 이미 우리의 눈을 충분히 속일 수 있다.

혹자들이 '쉿' 하면서 'OO카더라' 하는 얘기들이 여러분의 귀에까지 파고든다면 이미 그 재료는 가치가 없다.

그렇다면 나의 심장과도 같은 노하우를 공개하며
이 책을 집필한 이유는 과연 무엇일까?

베스트셀러를 만들기 위해서? 아니면 책을 펴낸 유명 인사가 되기 위해서? 돈을 많이 벌기 위해서? 공개방송에서 모든 것을 퍼주듯 마음이 좋아서?

대답은 'YES' 모두 맞다.

내 책이 베스트셀러도 되었으면 좋겠고, 이 책을 통해 내 이름 석자 남기며 유명한 전문가도 되고 싶고, 돈도 많이 벌고 싶다. 공개방송에서 투자 기법을 다 퍼주는, 투자자들을 위해서라면 못 할 것이 없을 만큼 마음이 약하고 좋은 것도 사실이다.

PROLOGUE 지금부터 주식해도 아파트 산다

나는 주식 전문가다. 그것도 대한민국 최고의 경제방송 한국경제TV 와 와우넷의 주식 전문가다.

이력서를 들고 내 발로 찾아가지도 않았고, 타 사이트에서 방송 일을 하던 중에 스카웃 제의를 받고 와우넷으로 오게 되었다.

나는 실력 있고, 양심 있고, 노력하는 전문가라고 자신할 수 있다. 물론 끊임없이 초심을 잃지 않으려고 노력한다.

내가 주식 전문가로서 돈을 많이 벌고 이름을 떨치려면 어떻게 해야 할까?

그 정답은 나를 통해 우리 VVIP 회원들이 수익이 많이 나야 한다. 즉 개인투자자들이 돈을 많이 벌고 잘 돼야 주식시장이 활성화되고, 지갑이 열리고, 경제가 살아난다.

외인들과 기관들이 수익으로 가져가는 그 돈은 모두 개인들의 피 같은 돈이다.

이 책은 개인 투자자들, 지금 이 글을 읽고 있는 당신에게 새로운 주식투자의 변곡점을 갖게 해줄 것이다.

차트쟁이가 되자. 차트 분석에 능통하자. 그러면 세력에게 당하는 일은 점점 줄어들 것이고, 차트만 잘 분석해도 리스크를 줄이고 큰 수익의 길로 갈 수 있다.

주식투자자들 중에 절대 부자는 별로 없다.

퇴직금 또는 한푼 두푼 모은 쌈짓돈, 비상금과 같은 피 같은 자금으로 지금의 삶보다 나와 내 가족이 조금이라도 윤택한 삶을 누리길 원할 뿐이다. 노후에 용돈 벌이라도 하길 바라는 소박한 마음으로 주식을 접하는 것이다. 그러다 이젠 제발 원금 회복만이라도 되길 바라는 분들이 많다.

그런 분들에게 이 책을 바친다.

주식을 오래했다고 해서 절대로 고수는 아니다. 제대로 된 주식투자를 하시길 바란다.

이 책을 읽는 여러분들은 반드시 수익이 날 것이며, 나야 할 것이고, 주식투자가 얼마나 매력적이고 흥미로운 투자인지를 느끼게 될 것이다.

여러 번 반복하고 학습하시길 바라며, 마지막으로 책에 대한 궁금증이나 더 많은 기법과 정보를 원하신다면 아래 링크를 통해 필자와 직접적인 만남을 가져보길 기대한다.

성공 투자를 기원하며, 한국경제TV 와우넷 차트여신 감은숙

한국경제TV와우넷 홈페이지
http://www.wownet.co.kr/

한국경제TV와우넷 차트여신 홈페이지
http://wowpro.wownet.co.kr/pro/pro_main_new/sub_main.asp?proID=P881

네이버 밴드
https://band.us/band/57347954

CONTENTS 지금부터 주식해도 아파트 산다

PROLOGUE 수익을 내는 투자를 하자   04

PART 1.
심리 투자에 성공하는 방법 익히기

1. 나는 투자를 하는가 투기를 하는가?   15
2. 유료 사이트에 가입해도 수익이 안 난다면   19
3. 주식 매매의 나쁜 습관을 치료하라   26
4. 선택에 대한 책임과 자기 통제에 능통하라   30
5. 매매는 종목이 아니라 타이밍을 매수하고 매도하는 것이다   34

PART 2.
투자자의 성향과 돈 버는 매매 원칙

1. 나의 성향과 환경을 파악하고 그에 맞는 매매 원칙을 찾아라   40
2. 원금 회복과 수익률을 높이는 지름길   46
3. 기관과 외국인 투자자의 수급 주체별 특징을 파악하자   51
4. 테마주/급등주 저점 매수 원칙   58
5. 테마주/급등주 고점 매도 원칙   65

PART 3.

살아 있는 재료를 파악하는 차트 완전 정복

1. 차트 분석의 기본 원칙	75
2. 중장기 투자를 위한 5대 지표 수익매매 원칙	79
3. 단기 매매 시 꼭 확인해야 할 10분 투자 기본 원칙	85
4. 전자 공시 시스템을 이용한 각종 보고서 활용법	94
5. 차트에서 가장 먼저 이것을 확인하라	103
6. 추세를 이용한 차트 분석 방법	106
7. 거래량을 이용한 차트 분석 방법	114
8. 이동평균선을 이용한 차트 분석 방법	123
9. 캔들을 이용한 차트 분석 방법	132
10. 데이트레이더를 위한 분봉 분석 방법	137
11. 스윙, 단기 매매를 위한 일봉 분석 방법	144
12. 중장기 대시세를 위한 주봉 분석 방법	147
13. 심리를 이용한 호가창 분석 방법	151

CONTENTS 지금부터 주식해도 아파트 산다

PART 4.
대시세 급등주의 저점 매수 원칙

1. 명분에 따른 대시세 종목의 급등 탄력 원칙	159
2. 급등주가 되기 위한 기술적 조건 원칙	167
3. 급등주가 되기 위한 기본적 조건 원칙	170
4. 대량 거래와 거래량 매수 급소의 원칙	172
5. 가격 조정과 기간 조정의 원칙	176
6. 매집 급등주의 초기 공통점 포착 방법	180

PART 5.
대시세 급등주의 고점 매도 원칙

1. 가장 일반적인 장대 음봉의 대량 거래 원칙	188
2. 급등한 주가의 중요 물량 체크와 매도 원칙	196
3. 쌍봉과 삼봉의 물량과 높이에 따른 해석 및 매도 원칙	202
4. 매도가 꼭 필요한 갭(Gap)의 원칙	206
5. 각 분봉을 이용한 강력한 매도 급소 원칙	208

PART 6.
수익을 얻는 다양한 매매 기법

1. 핑크퐁 기법　　　　　　　　　　　　　　　　217
2. 헤라 기법　　　　　　　　　　　　　　　　　220
3. 고목나무의 매미–단타 기법　　　　　　　　　224
4. 가장 강력한 매수 매도 신호, 갭(Gap) 매매 기법　227
5. 고가권 놀이 패턴의 3가지 기법　　　　　　　235
6. 급등주 상승폭에 따른 매매 기법　　　　　　　241

EPILOGUE
나의 주식 그래프는 언제나 수직 상승한다　　　247

주식투자에 대한 해답은 바로 수익을 내는 매매 원칙에 있다.

투자든 투기든 가장 중요한 것은 바로 수익이다.

수익을 내기 위해서는 몇 가지 나만의 원칙이 있어야 하고,

그 원칙을 잘 지켜서 수익과 직결될 수 있도록 많은 노력을 해야 한다.

Part 1.

심리 투자에 성공하는 방법 익히기

강세장은 비관 속에서 태어나고, 회의 속에서 자라나며,
낙관 속에서 성숙하고, 행복 속에서 죽는다.
가장 비관적일 때가 최고의 매수 시점이고,
가장 낙관적일 때가 최고의 매도 시점이다.

– 존 템플턴

소크라테스의 명언 "너 자신을 알라"는 우리 모두가 알고 있고, 즐겨 쓰는 말이다. 오만함을 버리고, 자신의 무지함을 지각하고, 수익 없이 손실만 나는 것이 시장 문제가 아니라, 나에게 문제가 있는 것은 아닌지를 먼저 파악해야 한다. 그 무지함을 깨우치고 발전시켜 성장한다면 당신은 소크라테스의 명언 "너 자신을 알라"의 주인공이 되어 현명한 투자를 할 수 있을 것이며, 부와 안식을 제공 받을 수 있을 것이다.

쏟아지는 정보의 소용돌이와 인터넷 문명 속에서 우리는 너무나도 쉽게 주식투자에 접근할 수 있다. 마음만 먹으면 기술적/기본적 분석이 가능하지만, 가장 중요한 것은 스스로 자신의 생각과 행동, 감정, 마음을 절제하고 조절하는 마인드 컨트롤(Mind Control)이다.
나를 치료하고, 원칙적인 매매를 하면 원금 회복과 수익은 보장된다.

01
나는 투자를 하는가 투기를 하는가?

솔직히 말하면 대한민국 주식시장에서 진정한 투자를 한다는 건 사실상 어렵다.

서두에 이런 진실을 털어 놓는 것이 과연 옳은 일일까 고민스럽지만, 현실을 직시하고 그 속에서 우리는 투자를 하거나 투기를 해야 한다.

그런데 과연 누가 투자와 투기 중 그 어느 것이 옳고 그르다고 단정할 수 있겠는가?

우리는 다만 손실을 보지 않는 수익을 위한 투자를 하면 되는 것이다.

주식투자에 대한 해답은 바로 수익을 내는 매매 원칙에 있다.

투자든 투기든 가장 중요한 것은 바로 수익이다.

수익을 내기 위해서는 몇 가지 나만의 원칙이 있어야 하고, 그 원칙을 잘 지켜서 수익과 직결될 수 있도록 많은 노력을 해야 한다.

먼저 우리는 투자의 성향을 파악해야 할 것이다.

과연 이 책을 읽는 당신은 투자를 하는가 투기를 하는가?

본업이 있는 투자자는 제2의 재테크 수단으로 큰 욕심 안 내고 노후를 지금보다 조금 더 여유롭게 보내고자 주식을 선택했을 것이다. 그러다 이제는 주식이 인생의 부산물이 아닌 전부가 되어 버렸을 수도 있다.

주식이 생활의 많은 비중을 차지하게 되었을 것이고, 인생의 희로애락이 그날그날의 주식 잔고와 매매 결과에 따라 달라졌을 것이다.

또한 50~60대 조기 퇴직을 하신 중년들은 오래전 객장에서부터 매매를 해오던 습관이나 귀동냥으로 들은 정보들을 통해 조금 재미 본 경험을 시작으로 섣불리 시작한 주식이 이제는 다시는 되돌릴 수 없는 애물단지가 되어 버리기도 했다.

제대로 된 공부 없이 경력만 쌓인 경우 이젠 손실이 너무 커서 어쩔 수 없이 '제발 원금만 회복된다면' 하는 바람으로 유료 사이트 이곳저곳을 들여다보며 주식시장을 헤매고 있을 것이다.

본격적인 수업에 들어가기 전에 먼저 내가 혹시 주식 중독자는 아닌지 자가 진단법을 통해 스스로를 점검해 보자.

아래 항목 중 본인에게 해당되는 것이 몇 개나 되는지 체크해 보길 바란다.

주식 중독 자가 진단법

① 주식투자를 가족이나 가까운 측근에게 숨기고 있는가?
② 종종 미증시나 인터넷 TV등 시세를 보고 불안감을 느끼는가?
③ 주식투자를 위해 자산의 일부를 판 적이 있는가?
④ 지금까지 신용 또는 미수거래 대출을 받아 매매를 해본 적이 있는가?
⑤ 주식 때문에 죽고 싶다는 생각을 해본 적이 있는가?
⑥ 하루 한번 이상은 매매를 해야 덜 불안한가?
⑦ 현금이 있으면 뭔가를 꼭 나도 모르게 사려고 하는가?
⑧ 업무시간에도 주식투자에 관한 생각만 하고 있는가?
⑨ 주식에 대한 정보나 문자를 얻게 되면 무시하지 못하고 솔깃해지는가?
⑩ 잠시라도 시세를 안 보면 불안한가?
⑪ 매매를 쉬어야겠다고 생각했다가 바로 시작한 적이 있는가?
⑫ 본인의 생각과는 다른 뇌동매매를 하고 후회를 한 적이 잦은가?
⑬ 매매에 집중하다 중요한 약속시간을 지키지 못하거나 상대와 불화가 있었던 경험이 있는가?
⑭ 주식매매로 단기간에 큰돈을 벌 수도 있다는 생각을 늘 하고 있는가?
⑮ 주식에 대한 스트레스로 잠을 못 이룬 적이 있는가?
⑯ 주식으로 잃은 돈을 가능한 빨리 주식으로 되찾겠다고 생각해 본 적이 있는가?
⑰ 자신의 투자 실력이나 수익 기법을 과도하게 자랑한 적이 있는가?
⑱ 수익실현 후 더 많은 자금을 투입하고 싶은 충동을 느낀 적이 있는가?
⑲ 매매를 하지 않으면 불안하고 초조함을 느낀 적이 있는가?
⑳ 매매를 하면서 짜릿한 쾌감을 느낀 적이 있는가?

위의 20항목 중 4개 이상은 초기 단계, 7개 이상은 중기 시작, 9개 이상은 주식 중독 진행 중이다.

주식을 매매하는 개인 투자자라면 적어도 3개 이상은 해당될 것이다.

그런데 과연 중독이 나쁘기만 한 것일까?

중독은 어딘가에 집중하고 몰두하는 것이다. 물론 지나치면 아무리 좋은 것도 해가 되기 마련이다.

나쁜 것에 대한 중독만 아니라면, 무언가에 몰입한다는 것은 제대로 성장하는 활력소가 된다.

주식에 중독되어 재산을 탕진하고 심신이 피폐해지도록 만들지 않고, 원칙을 지키고 수익이 나는 바른 매매를 실천한다면 주식투자는 삶을 꾸려가는 제2의 직업이 될 수도 있고 노후의 재테크 수단이 될 수도 있다.

세상에 공짜는 없다. 절대적인 노력과 수고가 필요하다.

주식은 절대 로또가 아니며, 노력과 수고, 땀 흘림 없이 거저 수익이 날 수 없다는 것을 명심해야 한다.

보편적인 통계이기는 하지만, '지금부터 주식해도 아파트 산다'를 읽고 새로운 주식 인생이 펼쳐지기 전에 나를 위한 점검은 반드시 필요하다.

아마도 각자 체크를 해 보면 마음속으로 많은 생각이 들 것이다.

02
유료 사이트에 가입해도 수익이 안 난다면

주식 매매를 하는 개인 투자자들의 심리는 이상하리만치 비슷하다.

같은 종목을 매매하더라도 하락하는 모습이 보이면 결코 사려고 하지 않는다.

그나마 '음봉에 사야 한다' 또는 '저점에 사야 한다'는 이야기를 들은 개인 투자자들은 나름 고점에 매수해서 많이 손실을 본 하락 종목을 쳐다본다.

그러나 하락하는 종목도 상승하는 종목도 마냥 원칙 없이 매수한다면 결코 수익을 내기 어렵다.

필자가 전문가로써 종목을 소개할 때 보면 몇 가지 유형의 회원들이 있다.

앞으로 주식 부자가 될 당신은 어떤 유형인지 한번 살펴보자.

1) 빨간 보자기를 좋아하는 투우 경기의 주인공

ex) 현대바이오

아래는 현대바이오 2019년 3월 급등 직전 관심주로 편입 소개했던 종목이다.

4번에 걸쳐 소개했지만 그동안 음봉 매수나 눌림목 매수, 저점 매수에 익숙한 투자자들은 과감하게 매수하지만, 그렇지 못한 사람들은 망설임을 거듭하다가 20일선 위로 주가가 상승 진행되는 모습을 보이면 매수에 가담하게 된다.

아래 그림처럼 2~5일이 지난주 주가는 강한 갭 상승과 대량 거래가 동반되면서 상한가에 진입하게 된다. 대부분의 개인 투자자들은 지켜보고 있다가 7,000원쯤 되면 그때서야 매수가 가능한지 여부를 묻곤 한다. 참으로 안타깝다. 20% 이상 싸게 살 수 있는 주식을 꼭 양봉 흐름과 급등을 보고서야 불나방처럼 뛰어들게 되는 것이 개인의 심리다.

　　　그나마 현대바이오는 그 이후 폭등이 나오면서 400% 가량 상승이 나와서 다행이었지만 최근 국내 증시는 그렇지 못한 모습이 참 많다.

소는 원래 색맹이랍니다. 색은 절대 관계가 없죠.
그럼 왜 투우사들이 빨간 보자기를 흔들까요?
사람들을 흥분시키기 위해서죠.
투우사가 소를 약올리기 위해 빨간 보자기를 흔드는 건 결국 관중을 흥분시키고 분위기를 고조시키기 위한 과정인데, 주변이 소란스러워지면 소가 더욱 흥분하겠죠?
그렇다면 이미 주가가 급등하고 난 후 양봉이 켜지는 빨간색 매수 호가창은 흥분하기 쉬운 개미들을 유혹하는 손길임을 잊지 않아야겠죠? ^^

2) 철저한 분할 매수로 저점 매수 승부

ex) 키이스트

주식 종목은 매수하고 난 후 바로 수익이 나지 않는 경우가 무수히 많다.
그 하락이 대외적인 악재든 종목만의 악재든 저점이다 생각하고 매수를 했는데도 추가 하락이 나오는 경우가 많이 발생한다.
이런 경우 정확한 저점 매수 자리를 포착하는 것이 매우 중요하다.
그래서 주식은 장기 투자든 단기 투자든 분할 매수가 필요하며, 매도 또한 분할 매도가 절대적이다.
간혹 개인 투자자들은 기술적인 확실한 개념 없이 주가 하락 시마다 추가 매수를 해서 비중을 포화 상태로 만들어 버리는 경우가 있다.

국내 시장에서 코스피 우량주의 경우 전체 매수 가능 금액 대비 비중 20%가 최고치이며, 코스닥의 경우는 중대형 우량주 15%, 테마주 개별주는 10% 매매를 권장한다.

국내 증시에 상장된 2,000여 개가 넘는 회사 중 두 세 종목으로 수익을 내기란 매우 어려운 게 현실이다.
따라서 분산 투자가 그 원칙 중 하나이다. 부분별 개념 없는 분할 매수, 추가 매수로 한 종목의 비중을 50% 이상 채워 버리게 되면 국내 증시에서 수익을 내기가 매우 어렵다.

1차 매수 이후 주가의 흐름을 보면서 추후 매수든 매도를 진행해야 하며, 그러기 위해서는 1차 매수 또한 저점 매수를 원칙으로 해야 한다. 2차 매매 또한 상승이든 하락이든 확실한 추세의 방향성을 확인한 이후 추가 매수든 매도를 해야 한다.

다음은 키이스트의 주가 흐름이다.
키이스트주는 방탄소년단 관련주로 이슈가 됐던 테마주이다.
1차 매수 급소인 A 위치에서 이평선 수렴과 함께 작은 양봉의 캔들이 이평선 돌파 매수 급소 이후 주가의 흐름에서 1차 매수 급소의 저점을 지지하면서 거래량 횡보와 함께 의도적인 2,900원대에서 가격 누르기와 저점 2,700원대의 저점 지지가 나온다.

2차 매수 급소 전 대량 거래와 함께 마지막 개인 물량 뺏기도 나온 모습이다. 2차 매수 급소에서 약한 상승이 나오지만 바로 하락하면서 단기 조정 이후 양봉 다음날 쉬어 가는 거래량 감소와 음봉이 나온다.

강력한 추가 매수 구간인 3차 매수 급소가 발생하면서 장대 양봉과 함께 박스권 상단 돌파 이후 거래량이 감소하며, 고가권 놀이와 함께 쉬어가는 자리 마지막 매수 구간이 보인다.

물론 그 이후 20일선 눌림목이 발생하면서 개인들을 참 망설여지게 만드는 구간도 나온 모습이다.

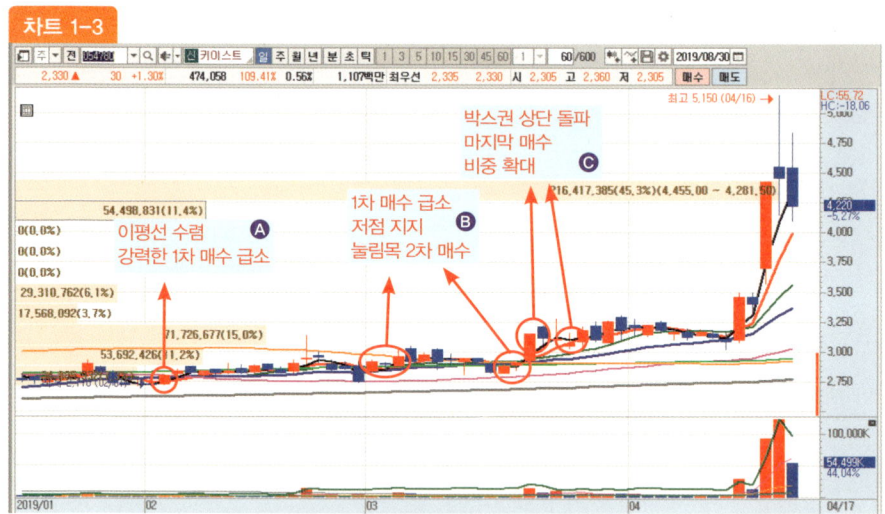

이런 분할 매수가 된다면 분명 개인들의 매수 단가는 최저점이 될 것이다. 그러나 이런 기다림과 인내 없이 무조건 장대 양봉이나 윗꼬리에서 추격 매수를 한다면, 분명히 당신의 매수 단가는 높을 것이고, 그로 인해 주가가 조금만 하락해도 손실이 많아진다. 결국 개인은 버티지를 못하고 손절매의 고민에 빠지게 된다.

이처럼 같은 종목을 추천해도 저점이다 생각되는 가격대에서 무분별한 추가 매수나, 이미 오르고 난 뒤 막차를 타려고 한다거나, 다른 투자자보다 높은 가격에 산다면 아무리 유료 사이트에서 같은 종목을 추천해도 절대 수익이 날 수가 없다.

내 종목의 수량을 살펴보자. 만약 1,000주, 2,000주 단위로 모양새 좋게 떨어지는 수량이라면 비중 조절 실패로 볼 수 있다. 매매금액 1억 원 중 10% 총 매수 예정, 금일 1차 5% 매수, 즉 500만원어치 수량이라면, 주문창에서 500만원을 금액으로 놓고, 현재가가 3,400원이라면 1차 매수는 1,470주를 매수한다.
2차 매수 시 주가가 2,500원으로 하락했다면 추가 500만원에 해당되는 2,000주를 매수한다. 결국 평균단가는 약 2,882원, 1차 매수 시 가격보다 훨씬 낮아진 가격에 2차에 걸친 분할 매수가 되는 것이다.

03
주식 매매의 나쁜 습관을 치료하라

　지속적인 손실과 아무리 새롭게 다시 시작하려고 해도 이상하게 내가 매수한 종목만 손실이 나고, 손절하고, 또 다른 종목을 아무리 저점 매수를 해도 내 계좌는 모두가 파란색 손실이다. 그리고 다시는 이렇게 만들지 말아야지 결심을 하고 그중 수익이 난 종목을 매도하고 다시 굳은 결심으로 다른 종목을 매수한다. 그런데 그 종목이 여지없이 또 손실이다.
　그렇게 또 시일이 지나 다른 종목이 보합까지 상승, 다시 약 수익일 때 매도하고, 다른 종목을 또 매수한다. 결국은 계속되는 손실의 순환매 가운데 결국 개인들의 매매 목표는 원금에라도 팔자 쪽으로 기울게 된다. 뒤에 발생되는 세금, 수수료는 생각할 틈도 없어진다.
　그렇게 반복된 매매를 하다가 엄청난 후회를 하면서 매매의 패턴이나 종목 매매 스타일을 바꿔 보려고 한다.
　기법에 있어서 상한가 따라 잡기 매매를 했던 사람은 그 매매 기법을 의심하면서 눌림목 매매라든지, 30분봉 매매 기법을 썼다면 10분봉 매매로 바꾼다든지, 20일 이평선 매매를 했던 투자자라면 5일선 이평선 매매 기법을 쓰기도 한다.

또한 우량주 코스피 200에 해당하는 종목을 매매했던 투자자라면 시장의 급등락 종목을 보면서 테마주 매매로 전환하거나 산업주 성장주 매매를 한다.

이렇게 무엇인가를 확 바꾸어 보고자 쉼 없이 전환을 한다.

병원에 아는 지인이 계셔서 알콜 중독으로 입원한 환자들의 얘기를 몇 번 들은 적이 있다. 그들의 공통된 특징은 근본적인 원인을 치료하려고 하기보다는 안일한 생각으로 잠시 입원 치료만 하는데 그친다고 한다.

알콜 도수가 높은 술을 즐겨 찾던 사람은 도수가 조금 낮은 주류를 선택한다거나, 소주에서 맥주, 또는 양주에서 소주 등으로 주류의 종류를 바꾸며 핑계를 대거나 회피하려고 하지 근본적인 치료를 하지 않으려고 하며, 알콜 중독의 심각성을 전혀 인지하지 못하고 있다는 것이다.

그나마 치료를 원하고 노력하는 사람은 희망이 있다. 주식 매매, 주식 중독도 마찬가지이다. 본인의 계좌를 보면서 잘못된 매매 습관을 깨닫고 고치려고 하는 투자자는 그래도 50%는 성공한 것이다. 그리고 이 책을 읽는 당신은 70%는 성공했다. 이제 실천에 옮기기만 하면 된다.

자기 자신의 나쁜 주식 습관을 깨닫고 고쳐 나가려는 생각과 의지가 중요하다. 그리고 실천이다.

10년, 15년 주식을 했다고 해서 주식 경력이 10년, 15년이라고 내세울 수는 없다. 수익이 나는 매매원칙을 모르고 무분별한 매매를 했다든가, 매매 기법도 모른 채 차트, 기본적 분석, 글로벌 시장의 현 시점, 큰 그림만을 보고 매매를 하거나, 그 안의 작은 나무를 보지 못했다면 기간이 오래 됐다고 해서 고수라고 할 수는 없는 것이다.

고수와 하수는 백지 한 장 차이다.
손실이 났어도 매매 원칙을 지켜 바른 매매를 했다면 어쩔 수 없는 일이고, 칼같이 손절했다면 고수라고 볼 수는 있지만, 절대, 손실이 나는 계좌를 보고 고수의 계좌라고 할 수는 없다. 대부분의 주식투자자들이 좋아하는 포커에 비교해 보면 쉽게 인정할 수 있을 것이다.
물론 포커는 어느 정도 운이 따라야 한다. 그러나 패가 잘 들어오지 않아도 상대의 패가 나보다 더 좋지 않다거나, 배팅을 잘해서 상대를 제압한다면, 또는 포커페이스로 본인의 패를 전혀 상대에게 읽히지 않는다면 반드시 내 카드가 좋지 않아도 승자가 될 수 있고, 상대가 중도에 포기할 수도 있다.

주식 매매에는 분명 리스크가 따르고 손실이 날 수도 있다. 그러나 매매의 결과를 분석해 봤을 때 수익보다 손실이 현저히 많다면 매매 방법이 잘못된 것이 분명하다. 물론 주식은 운도 따라야 한다. 공교롭게 운이 안 좋았을 수도 있으나 몇 년의 매매 시간동안 모든 손실이 운이라고만 할 수는 없다.
글로벌 시장의 악재 또는 국내 증시에 불가피한 악재가 있어 그럴 수도 있긴 하지만 가장 근본적인 문제는 본인의 잘못된 매매 습관이다.
주식 매매를 함에 있어 지금까지 제대로 수익이 안 나고 손실만 났다면 다시금 본인의 매매 습관을 돌이켜 보고 손실의 원인을 먼저 파악해야 한다.
먼저 여유를 가지고 초심으로 돌아가서 내가 1년에 걸쳐 손실을 봤다면 최소 두 배 이상의 기간은 걸려야 원금 회복이 가능하다는 여유 있는 생각을 갖고 매매하지 않으면 계좌는 절대로 플러스가 될 수 없다.

먼저 내가 보유한 종목이 중기 보유가 가능한지, 실적이나 기업 내용이 안전한지를 살펴본 후 가능한 종목이라면 당장의 손실만 괴로워서 새로운 종목 교체 고민을 하지 말고, 계좌를 하나 더 개설해서 아예 장기 종목으로 담아 두는 것도 괜찮다. 그러나 평단은 반드시 다시 한 번 고려해 볼 필요가 있다.

너무 터무니없는 손실이라면 무작정 원금까지 둘 것이 아니라, 업황이나 산업 전망 등을 보면서 체크할 필요가 있다.

이렇게 내가 보유한 종목을 무조건 모내기한 밭을 갈아엎듯이 모두 팔아 치우고, 반토막 난 돈으로 새로운 종목을 또 사봐야 시간이 지나고 나면 지난번 매매, 또는 이전 계좌와 별로 다를 바가 없다.

아마도 이 책을 읽는 개인 투자자들 또한 많이 경험해 본 결과일 것이다. 특히나 유료 사이트에 가입할 경우 새로운 전문가의 방에 가입하게 되면 기존 보유 종목의 손실이 얼마든 간에 올매도하고 가입하거나, 사이트에서 그렇게 원하기도 한다.

이러한 반복되는 계좌 정리, 새로운 각오가 또다시 나의 계좌 살을 깎아 내는 하나의 모순이기도 하다.

전문가에게 상담을 받아 계좌 종목을 차근히 정리하거나, 적어도 내 계좌에 들어있는 피 같은 돈이라면 인터넷 등을 뒤지고, 기업 주담과 통화도 해보고, 간절하고 절실한 마음으로 시간과 열정을 투자해야 한다.

주식 매매에 있어서 절대로 공짜 수익은 없다.

04
선택에 대한 책임과 자기 통제에 능통하라

주식시장에서 살아남는다는 것은 현재, 즉 그 어느 재테크 수단보다 우월한 수익을 내면서 원금을 보존하고 수익이 나는 계좌를 갖고 있다는 것이다. 매수한 종목이 손실이기 때문에 종목에 물려서 어쩔 수 없이 계좌를 보존하고 있거나, 손실을 낳는 매매만 하는 것은 절대로 올바른 투자가 아닙니다.

주식시장에서 살아남으려면 꼭 이것만은 명심하자.

1) 큰 숲을 보는 혜안과 센스
2) 원칙을 지키는 매매시스템
3) 현실에 맞는 자금 관리
4) 냉철한 심리상태

이 네 가지 요소는 자동차 바퀴와도 같다. 하나만 없어도 펑크가 나거나 자동차 운행이 어렵게 된다.

네 개의 바퀴가 모두 충분한 바람이 있어야 하고, 겨울 빙판길엔 그에 맞는 타이어와 소모품이 있어야 눈이 펑펑 오는 눈사태에도 충분히 안전하게 운행할 수 있는 상태가 된다.

비가 오면 또 그에 맞게 빗길 안전 운행을 위해 운전자는 맞춰서 조심스럽게 타이어를 굴리며 목적지까지 운행을 할 것이다.

이렇듯 내차에 맞게, 또는 기우 상태에 맞게 안전 운행으로 네 개의 바퀴를 굴려 목적지까지 가려면 기본 원칙을 지켜야 한다. 위험한 운행이 되지 않도록 말이다.

주식투자도 마찬가지다. 수익이 나는 원칙 매매를 하고자 한다면 먼저 글로벌 시장의 큰 대목의 뉴스에 귀를 기울여야 하고, 큰 숲을 바라보면서 시장의 흐름을 파악하고 있어야 한다.

뉴스가 노출됐을 때 순간순간 재료에 맞게 판단하고 매매할 수 있는 지혜와 센스 빠른 판단력이 분명 필요하다.

절대로 예정되지 않은 종목을 매매한다거나, 전일 분석하거나 보지 않은 종목을 추격 매수 또는 뇌동매매로 갑작스레 따라붙는 행위는 거의 내 계좌에 대한 자살 행위와 같다.

미리 예정된 종목을 정해진 원칙에 의해 기계적인 매매를 해야 하며, 손절할 종목도 냉철하게 차트 분석을 하면서 반등 고점과 저점 지지를 확인하고 매매해야 한다.

현재 나의 자금 상태와 시장의 흐름, 유행을 고려해서 장기 투자, 중기 투자, 단기 투자 등을 정하고, 시장 분위기에 맞게 중기 자금도 비중 조절을 할 필요가 있다.

매매 자체가 어렵지는 않다. 우리가 어렵다고 하는 것은 수익이 나지 않고 손실만 나기 때문일 것이다.

장기적 관점에서 오랫동안 시장에서 살아남고 수익을 내고 싶다면 개인투자자들은 매우 신중해야 하며, 본인의 숨겨진 심리상태를 철저히 분석하고 객관적이어야 한다.

매매에는 절대 용서가 없으며, 흥분한 상태에서의 뇌동매매는 반드시 손실이라는 결과를 얻게 된다.

특히나 주식시장은 나 외에는 모든 매매자들이 맞은편에서 적수를 두고 있다.

비대칭적인 재료, 이미 가치를 잃은 식상화된 이슈와 뉴스, 저점에서 세력의 핸드링에 의해 오를 대로 오른 급등주 등 우리가 예측할 수도 없는 많은 폭탄을 장착하고 개미들을 상대하고 있다.

내 옆자리, 내 상대는 아마도 가장 고점에서 내가 달려들기를 원할 것이고, 실패하기를 바랄 것이다.

이유는 내가 손실이 나고, 돈을 잃고, 시장의 낙오자가 되어야 그들의 수익이 되고, 내 돈을 수익으로 끌어당길 수 있기 때문이다.

필자는 처음으로 주식을 시작할 때부터 전문가 생활을 하고 있는 지금까지 빼먹지 않고 하는 일이 있다. 바로 '매매 일지'다.

모든 매매에 있어서 매수의 명분과 매도의 명분을 기록해야 한다.

필자는 처음 일지를 쓸 때 매수와 매도 이유로 '오를 거 같아서' 또는 '내릴 거 같아서'라는 단순한 내용보다는 그 많은 종목 중에 내가 꼭 이 종목을 매수하게 된 이유, 또 그렇게 선택한 종목을 지금 수익이든 손실이든 매도를 해야 하는 이유에 대한 기록을 매우 중요하게 여겼다.

주식은 통계라고도 볼 수 있다.

미래를 확실하게 100% 예측할 수 없으므로 과거의 패턴과 결과를 통해 예측하며, 성공의 통계를 주는 쪽으로 방향을 바꿔 나가야 한다.

과거의 매매 습관을 통해 학습하고, 수익과 손실의 결과를 보면서 앞으로는 성공의 확률 쪽으로 이끌어가는 것이 바로 자기의 아집과 잘못된 매매 습관을 고쳐 나가고 성공적인 수익의 매매로 이끌어가는 자기 분석인 것이다.

시장을 분석하고, 종목을 분석하고, 기술적 기법과 기본적 기법을 터득하거나 매매의 재료를 분석하는 것도 중요하지만, 그보다 더 중요한 것은 자기 자신을 아주 철저히, 정확히 분석하는 것이 가장 중요하고 소득이 있는 일이다.

> 매매에 있어서 미리 결정해 놓고 계획하는 습관을 길러야 뇌동매매를 줄일 수 있다. 계획하고 그 계획된 내용을 매매하자. 개인은 절대로 시장을 좌지우지 또는 종목의 주가를 좌지우지할 수 없다. 그저 시장에 순응하고 그 변화에 따라 나의 계획도 수정해 나가야 한다.

05
매매는 종목이 아니라 타이밍을 매수하고 매도하는 것이다

대한민국 증시는 저질 체력이다.

모래 위에 집을 지은 것처럼, 미국 증시에 바람만 불어도 급등락이 심해지고, 중국 증시의 영향도 많이 받는다.

또한 기업의 실적이 좋아도 중장기 투자를 하기에는 참 힘든 시장이다.

변동성도 크고, 온라인의 발달과 정보의 홍수 속에 개인 투자자들도 너무 쉽게 정보에 접하면서 종목을 사고팔고 한다.

만약 주식이 종목을 매수하는 것이라면 삼성전자라는 우리나라 1위 기업의 주식을 매수한 사람은 중기 이상의 투자 관점에서 보면 모두 수익이 나야 할 것이다.

영업이익 50조원을 내는 회사의 주식을 샀는데 수익이 안 난다면 어떤 주식을 사야 한다는 것인가?

그러나 분명 삼성전자를 매매하고도 손실이 나는 투자자가 있을 것이다.

아래는 우리나라 시가 총액 1위 삼성전자 차트이다.

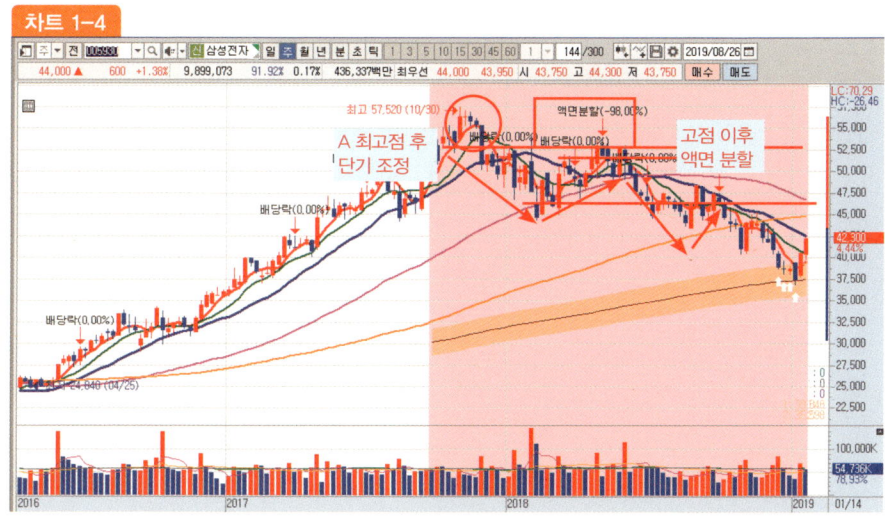

2017년 10월 최고점을 찍은 삼성전자는 2018년 최고의 실적을 보여주며 시가총액 1위의 위상을 보여준다. 그리고 개인들의 투자를 활발하게 하기 위한다는 명분 아래 2018년 액면 분할을 한다.

그때도 필자는 언지를 했었다.

이미 고점은 찍었고, 단기적으로 1~2년 안에는 그 고점을 돌파하기 힘들기 때문에 한참 후 40,000원쯤에서 다시 보라고 한 것이다. 개인들은 그래도 이런 조언이 귀에 들어오지 않는다.

실제로 2017년 12월쯤 필자의 주변 측근들은 주식을 모르는 사람들도 삼성전자를 사면 떼돈을 번다고 생각했고, 필자에게 전화를 걸어 물어보곤 했다.

찜질방에서 주식을 좀 한다는 아줌마들 사이에서 말이 퍼졌고, 실제로 아는 지인 중 한사람은 집안에 있는 금을 모두 싸들고 나가서 팔아 삼성전자 주식을 샀으며, 누군가는 대출을 받아 주식을 샀다. 삼성전자가 액면 분할을 하고 나면 본인들의 인생이 달라진다고, 그야말로 대박이 난다고 생각하고 꿈에 부풀어 매수를 했다. 그리고 그 이후 한동안 말이 없다.

2019년 1월 4일 일요일 저녁, 역사적인 저점 자리에서 필자의 가장 대표적인 매매 기법 '돈벼락 자리'에 왔을 때 '지금이 기회다'라고 강조했다.

그 이후 주가는 상승 탄력을 받았고, 아니나 다를까 액면 분할 직전에 매수한 개미들은 그때 이후 대출금 이자만 물면서 가슴앓이를 하고 있었다.

또 하나의 예를 들어 보자.

아래는 유비벨록스 주식 차트로, 자율 주행 테마의 대표주였던 종목의 주봉이다.

2015~2016년 핫하게 테마로 형성되면서 시장에서 큰 이슈와 기대감을 불러일으켰지만, 자율 주행이 실제로 우리 실생활에 도입되기까지는 오랜 기간이 걸렸다. 산업 성장주는 도입기와 성장 초기를 거쳐 본격적인 성장기에 돌입하면서 실제 성숙기에 진입하게 되고, 신기술의 생명이 다하는 쇠퇴기를 끝으로 생명을 다하게 된다.

유비벨록스는 실제로 주가가 2015년 연말부터 2016년 초반까지 2만 원 초반까지 급등한 후 핫한 테마의 끝을 보고 주가가 추락을 하게 되면서 2018년 연말 4,500원까지 급락했다. 결국 78%까지 급락을 하게 된 것이다.

이 종목이 다시 20,000원이 되려면 400%가 급등해야 한다.

　자율 주행 테마로 분류됐던 캠시스의 주가도 같은 시기 4,950원에서 1,300원까지 급락을 했다.

　이처럼 아무리 좋은 종목, 산업, 테마주를 매수해도 고점에 매수하게 되면 너무 오랜 시간 우리는 고통 속에서 계좌를 봐야 한다.
　어쩔 수 없이 고점에 물려서 매도도 못하고 홀딩해야 하는 긴 시간을 보낼 때 그나마 종목이 다른 악재 없이 그저 주가가 원위치로 간다면 다행일 것이다.
　그러나 우리 대한민국 증시는 그렇게 녹록하지 않다. 글로벌 증시의 흐름에 따라 너무 얇고 가볍게 흔들리는 것이 국내 증시다. 기업마다 걸핏하면 발행하는 주주 배정 유상증자, 무상감자만 하지 않아도 다행이다. 대주주나 주요 임원의 배임 횡령, 공장 등의 안전 불감증에 따른 사고도 있다.
　2019년 3월말 코스닥 시장에서는 시가총액 2조 5천억 원이 넘던 코오롱티슈진이 인보사 사태로 상장폐지 위기에까지 놓이게 되었다. 2017년 11월 코스닥 시장에 상장된 지 불과 1년 6개월 만이다.

　주식 매매에 있어서 매수한 시점과 가격이 다르다면 상대와 내가 산 주식은 결코 같은 주식이 아니다.
　매수는 본인의 마음에 따라 비싸게도 살 수 있고 싸게도 살 수 있지만, 매도는 본인의 의지와는 상관없이 여러 가지 방해의 요건들이 도사리고 있다.

　싸게 사서 비싸게 파는 것이 주식 매매의 수익 원칙이다. 가장 쉬운 원리와 원칙을 우리는 항상 반대로 실행한다.

　이 단원에서 우리가 잊지 말아야 할 것은 매수 가격이 다르고 타이밍이 다르다면 결코 같은 주식이 될 수 없다는 것이다.
　모두가 수익을 낼 수는 없다. 그러므로 주식의 가장 중요한 저점 매수 원칙 중 하나는 '종목을 매수하지 말고 타이밍을 매수하자'이다.

> 저점 매수의 정석은 무엇일까? 고점 매도 방법에도 해당하겠으나 가장 안전한 장치는 분할 매매이다. 이 책을 통해 기술적 분석의 저점 매수 방법을 익힌 후 내가 매수할 물량을 최대한 분할 매수로 접근해야 한다. 물론 스윙 이상의 매매 관점이다.

Part 2.

투자자의 성향과
돈 버는 매매
원칙

01
나의 성향과 환경을 파악하고 그에 맞는 매매 원칙을 찾아라

1) 주식매매는 재테크 수단일 뿐이다. 여유를 갖고 본업에 충실하라

가끔 회원들이 이런 질문을 자주 한다.

"주식이 저는 너무 좋습니다. 손실이 나도 좋고, 수익 낼 자신도 있고, 매매 트레이딩에서 요즘 수익도 나고 해서 검색기도 세팅했는데요. 전업이 아주 매력적으로 보입니다. 현재의 본업을 그만두고 전업 투자자로 나서는 건 어떨까요?"

이런 질문을 받을 때마다 필자는 단번에 'NO' 한다. 특히나 상대가 미혼이라면 더더욱 그렇게 말한다.

현재 전업 투자자분들이 이 글을 읽으면 반감이 들 수도 있다.

혹시 전업으로 주식 투자를 하고 계신 분이라면 스스로에게 질문을 해보자. 아마도 도시락 싸들고 다니면서 말리고 싶다고 말하지 않을까?

투자가 아닌 투기판이 된 듯 퇴색해 버린 시장. 2018년 여름 주식시장을 핫하게 달구었던 돈스코이호. 아마도 이 사건을 얘기하면 헛웃음을 지으며 그 당시 주식시장의 열풍을 떠올리는 투자자들이 많을 것이다.

1905년 러·일 전쟁 당시 침몰했다고 알려진 돈스코이호가 2003년 동아건설과 한국해양과학기술원의 탐사로 울릉도 인근 해역에서 발견됐다.

금괴나 보물은 발견되지 않았고, 외교 자금 조달 등의 문제로 인양하지 못한 채 바다 속으로 가라앉았다.

신일그룹 관계자들은 돈스코이호가 '전설의 보물선'이라는 풍문을 이용했다. 금괴 200톤이 실려 있고, 그 가치가 150조원에 달한다고 하면서 이러한 내용들을 회사 인터넷 홈페이지 등을 통해 홍보했다. 여러 명이 함께 그야말로 작전을 펼친 것이다. 이렇게 끌어 모은 돈이 89억이다.

결국 돈스코이호 사건을 주도했던 신일그룹 전 부회장 김모 씨는 사기 혐의로 징역 5년을 선고 받았고, 그 외 관계자들은 1년~5년형을 선고 받았다.

2018년 7월, 제일제강(023440) 주식은 신일그룹이 제일제강을 인수할 것이라는 소문이 퍼지면서 한 달여 만에 400%가 급등했다.

그 이후 사실무근 기사로 밝혀지면서 매집 세력들은 개인들에게 유유히 매물을 던지며 올매도했고, 주가는 급등 직전 가격대로 원위치가 되었다.

더욱더 기가 막힌 건 신일그룹이라는 명칭 때문에 2018년 7월 신일산업

주가의 단기 급등이 단순한 해프닝으로 끝나면서 만만한 개미투자자들만 피눈물을 흘렸다.

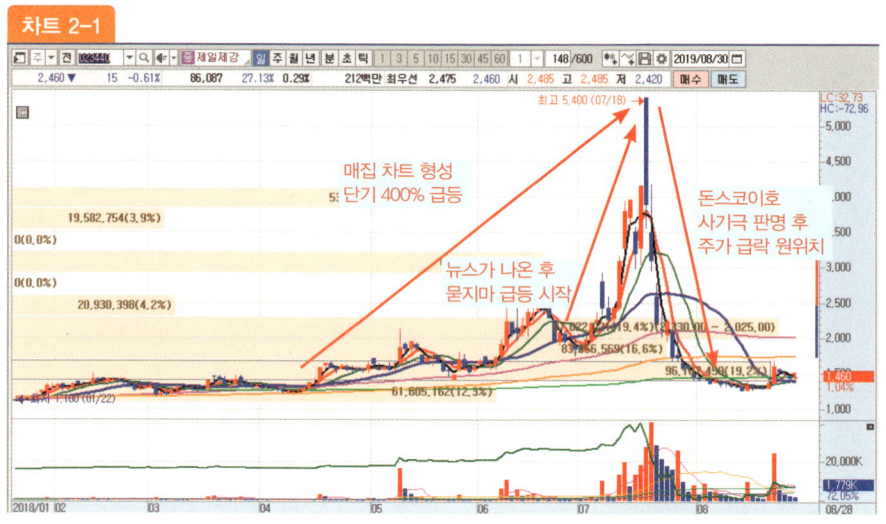

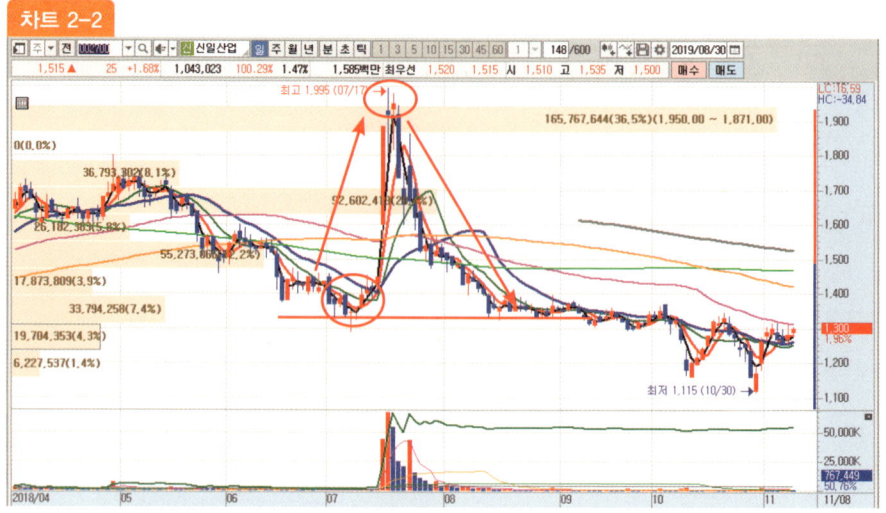

주식은 재테크 수단이고 투자이다. 전적인 삶의 생계 수단이 되면 엄청난 부담감을 안게 된다.

심리적으로 매월 얼마씩 수익이 나야 한다는 심리적 부담감이 따르게 되고, 생계비만큼 수익이 나지 않게 되면 원금에 손을 대야 하는 경우가 생기게 된다.

여유 자금으로 느긋하게 매매에 임하지 않는다면 매순간 급등락에 요동치는 테마주 급등주에 눈길을 돌리며 준비 되지 않은 매매를 하게 된다.

따라서 본업을 무시하지 말아야 한다. 안정적인 고정 수입이 있을 때 평화롭게 매매에 임할 수 있다.

계획하고 준비된 매매만이 수익을 준다. 종목을 준비하고, 매매를 계획하고, 대응 전략을 세워서 철저히 준비된 매매만 하자. 그 외는 모두 '뇌동매매'다. 매매일지를 자세히 기록하면 내 매매가 어디서 잘못됐는지 내용을 알 수 있다.

매수일자, 종목명, 매수가, 매수 사유, 매도 사유 등을 기록해서 매매를 고쳐나가자.

* 매매일지 예

매수일자	종목명	비중	매수가 (분할)	매도가 (분할)	매도일자	수익률	매수 매도 사유

2) 본인의 성향보다 시장에 순응하는 것이 수익의 지름길이다

가장 중요한 것은 마음가짐(Mind Control)이다.

앞서도 언급했듯이 여유가 있는 매매를 해야 한다. 그러나 아무리 노력을 하고, 깡통 계좌도 가져보고, 죽고 싶은 심정까지 이르렀어도 본인의 타고난 성격과 성향은 잘 고쳐지지 않는다.

정말로 주식투자에 성공하고 싶다면 수익이 나는 원칙 매매를 할 수 있도록 반드시 고쳐나가야 한다.

만약 중장기 종목으로 삼성전자를 매수했다고 가정해보자.

매일매일 HTS 호가창과 차트를 보면서 시세를 확인하고, 외출을 해도 시시각각 휴대폰을 손에서 놓지 못하고 안절부절못하고 있다면 그야말로 매일매일 퇴근 무렵 삼성전자 회사 정문에 가서 오늘 매출이 얼마이고 영업이익이 얼마인가를 논하는 것과 다름없다.

이와 같은 상황은 절대 금물이다. 중장기 관점이므로 전기 전자업종의 전체적인 업황과 반도체 수출, 주 매출과 영업이익을 보면서 삼성전자를 바라봐야 할 것이다.

매수한 종목의 매일매일 계좌 잔고와 매수가 대비 수익률, 당일의 시가, 종가, 고가, 저가, 심지어 분봉까지 보면서 일희일비하는 것은 그야말로 첫 매수 시의 기본 원칙에 어긋나는 것이며, 절대 중장기 투자를 할 수 없고, 세 자리 수익률 이상의 큰 수익을 보지 못할 것이다.

또 다른 예로, 중장기 관점에서 전기차 관련주를 매수했는데, 하필이면 공교롭게도 전일 전기차가 도로 위에서 예기치 못한 화재가 났다면, 아마 전기차 업종의 관련주들은 다음날 폭락이 나올 것이다.

이럴 때는 물론 근본적인 원인이 가장 중요하지만, 단순한 문제라면 오히려 중기 관점에서 저점을 이용해 분할 매수로 모아서 가야 할 구간이다.

이런 주가의 흐름에서 시장을 직시하지 못하고 불안정한 심리가 모든 매매에 영향을 끼친다면 이런 습성부터 고쳐야 할 것이다. 그리고 큰 숲을 바라보고 계좌의 그림을 그려 나가야 한다. 따라서 최소한 내가 아는 종목에 투자해야 한다.

중기 투자에 있어서 매일매일 시세 체크를 하며 일희일비하는 것은 절대 금물이다.

02

원금 회복과 수익률을 높이는 지름길

 이 책을 읽고 있는 당신은 주식투자로 손실을 입었거나 원금 회복이 절실한 개인 투자자일 수도 있고, 아니면 주식을 처음 시작하는 초보자일 수도 있다.

 그 어느 경우든 원금 회복과 수익이 절실한 개인 투자자들이 가장 염두에 두어야 할 것은 '성급하게 생각하지 말자'이다.

1) 손실 난 기간보다 2~3배의 시간과 정성을 기울여라

 내가 만약 1억 원의 원금을 갖고 매매를 시작했는데, 6개월 만에 반토막인 5,000만원이 됐다면, 손실은 50%지만 지금 계좌의 자금이 다시 1억 원이 되려면 100%의 수익이 나야 한다. 그래야만 원금이 회복된다.

 이럴 때 개인들은 많은 고민을 하게 되는데, 단기 매매나 데이트레이딩으로 하루하루 짧게 수익을 보고 매매를 할 것이냐, 아니면 중장기 종목에 묻어 둘 것이냐를 두고 선택의 기로에 서게 된다.

결론은 조바심과 성급함 때문에 잦은 매매 쪽으로 가닥을 잡을 가능성이 크다. 즉 단기간에 빨리 수익을 내서 원금 회복을 하고, 여유 있는 매매를 해야겠다는 생각을 하게 된다는 것이다.

하루에 3%씩 단타 수익을 내면, 5일 거래 15% 수익, 약 5%의 손절을 감안한다 하더라도 10% 수익이 나고, 4주로 계산하면 40% 정도의 수익이 날 것이라고 생각하겠지만, 단타로 월 40% 이상의 수익률을 올리는 것은 절대로 쉽지 않다.

원금 회복 또는 수익으로 급부상시키는 기간적인 여유가 충분히 필요한데, 쉬운 예로 아래 코스피 차트의 주봉을 보자.

그래프를 보면 2015년 4월 A 고점 2,200P 부근에서 지수가 급락한 것을 알 수 있으며, 8월 24일에 1,800P까지 급락한다. 최저점을 찍는데 4개월밖에 걸리지 않은 반면, 다시 지수가 2,200P를 찍는 시점은 2년이 가까운 2017년 상반기다.

또한 그 안에 B 고점에서 다시 B 시점까지 반등이 나오는 데는 하락 4개월, 반등 8개월이 족히 걸린다.

필자가 얘기하고자 하는 부분이 바로 이것이다.

하물며 지수 차트도 이러한데, 개별 종목들, 특히나 개인들이 매매하기 가장 좋아하는 고점 타이밍에 물린 종목들은 언제 매수한 가격까지 주가가 회복될지 알 수 없다.

과연 당신의 계좌는 어떠한가! 말하지 않아도 너무나 분명한 사실이어서 한숨이 나올 것이다.

2) 2개의 계좌를 운영하라

주식 매매를 시작하고 나면 누구나 그동안 드러나지 않았던 자신의 성향과 양면성을 느끼게 될 것이다.

수익이 나면 조바심이 나서 매도하지 못해 안달이 나고, 현금이 필요해서 손절을 하게 되면 보유 종목 중에서 손실이 덜한 종목부터 매도하게 된다. 그러다 보면 지속 보유 중인 종목은 계속 하락하면서 손실이 나고, 매도한 종목은 그날부터 급등한다. 주식투자자 대부분은 이와 같은 경험을 반복적으로 하는 일이 많다.

필자는 2개의 계좌 운영을 권한다.

매매를 할 수 있는 자금이 1억 원이라면 A 계좌와 B 계좌로 나눠서 종목의 특성에 맞게 매매할 필요가 있다.

A 계좌 종목의 조건은 기본적으로 다음과 같다.

① 코스피 시가 총액 200위 / 코스닥 15위 안쪽의 종목들
② 코스피, 코스닥 모두 최소한 시가총액 3,000억 이상의 종목들
③ 매해 배당이 나오는 종목들
④ 매년 실적과 영업이익이 증가하고, 유보율과 부채비율이 양호한 기업의 주식

배당이 좋고, 우량한 기업의 중장기 투자 종목은 A 계좌에 3분할 매수나 그 이상의 분할도 좋다. 전략적으로 모아가야 한다. 그렇게 되면 이 계좌는 때가 되면 배당금이 입금되고, 배당으로 종목이 들어올 수도 있으며, 분할 매수로 접근했기에 평균 단가도 저점에서 골고루 매수가 됐을 것이다.

절대로 일희일비하며 매일매일 잔고를 확인하지 말고, 시장에 큰 소용돌이만 없다면 굳게 걸어두자.

B라는 계좌에는 차트 매집주, 테마주, 그리고 전업 투자자라면 스윙 또는 단타 종목도 소량 보유하는 것이 좋다.

대신 두 계좌의 원금 비율은 시장의 특성에 따라 다르게 구성해야 한다. 원칙적으로 A 계좌는 중장기 60% 정도로 편입하고, B 계좌는 트레이딩 20%, 현금 20% 정도로 배분해서 매매에 임해야 한다.

계좌가 반토막 나는데 6개월이 걸렸다면, 원금 회복을 하기까지는 최소

한 2배 이상의 시간을 예상하고 여유 있게 매매해야 한다.

결론적으로 투잡이든 전업이든 중장기 투자 종목이 있어야 한다. 2개의 계좌를 운영하면서 중장기와 스윙 단타를 철저히 구분하고 계좌 관리를 하도록 하자.

물론 1개의 계좌로도 초연할 수 있다면 안정된 주식투자를 할 수도 있다. 그러나 우리 개미투자자들은 시장의 메뚜기이자 하루살이와 같은 처지에서 벗어나기 어렵다. 눈앞에서 수익과 손실이 왔다 갔다 하고, 늘 손실이던 종목이 빨간불로 바뀌게 되면, 아무리 중기를 외쳤던 종목도 어느새 자신도 모르는 사이에 마우스의 매도 클릭을 누르게 된다.

같은 증권사에서 2개 이상의 계좌를 만들 수 있다. 필자는 2개의 계좌 운영을 강력히 권한다.

과연 1년의 매매를 결산하는 매해 12월 30일에 두 계좌 중 어떤 계좌의 수익률이 더 좋을까? 냉철하게 판단해 보기 바란다.

03

기관과 외국인 투자자의
수급 주체별 특징을 파악하자

1) 기관의 매매 성향과 특징

주식 격언 중에 '시장은 실적보다 수급이 우선이다'라는 말이 있다.

수급의 성질과 특성을 먼저 파악하고, 수급이 우량한 종목을 보자.
즉 개인의 매수세보다는 기관과 외국인의 매수세가 직장인에게는 유리하다.
기관은 자금 운용의 특성상 아주 길게 운용되지는 않는다.
기관의 자금은 크게 자기 자금을 운용하는 기관과 수익증권이나 뮤추얼 펀드처럼 타인 자금을 운용하는 기관으로 나눌 수 있다.

매매의 형태를 보면 투자 신탁과 자산 운용 회사는 타인 자본을 주로 운용하기 때문에 적극적인 투자 성향을 띤다. 시장 대비 운용의 성과를 높이기 위해 투자 분석을 많이 하고, 공격적인 매매를 하며, 때로는 시장에 따라 빠른 매매를 하기도 한다.

반면 상호금고 또는 은행, 종금사 등은 사전에 주문을 받아 이행하는, 매매 계약을 대행하는 특징이 강하므로 소극적인 매매 형태가 많다.

대체적으로 기관은 옐로우칩 종목들을 선호하며, 펀더멘털을 갖춘 종목 위주로 선정하되 PER를 통해 투자 대상 종목을 선별하는데 능하다.

만약 펀더멘탈과 PER를 무시한 종목 중에 기관의 수급이 적극적으로 유입되는 종목이 있다면 이 종목은 아마도 개인 투자자들이 전혀 알지 못하는 엄청난 기술력이나 신기술 개발 또는 향후 급등 재료가 나올 수 있는 잠재력이 큰 종목이다.

개인 투자자는 이런 기관 수급에 적극적인 동참이 필요하다.

표 2-1

일자	시가	고가	저가	종가	전일비	등락률	거래량	금액(백만)	신용비	개인	기관	외인(수량)	외국계	프로그램	외인비
2019/06/30	5,270	5,330	5,230	5,310▲	120	+2.31	328,238	1,733	5.78	-14,018	-822	19,340	18,617	17,218	2.91
2019/06/24	7,500	7,900	7,390	7,800▲	230	+3.04	976,773	7,462	5.63	-180,802	-17,014	220,125	164,948	143,089	5.91
2019/06/21	7,650	7,920	7,510	7,570▼	30	-0.39	1,077,383	8,325	5.28	-136,808	-17,212	136,712	125,590	156,935	4.84
2019/06/20	7,630	8,440	7,520	7,600▲	60	+0.80	5,008,049	40,078	5.22	89,636	38,266	-134,633	-68,501	-109,375	4.18
2019/06/19	7,520	7,770	7,180	7,540▲	40	+0.53	1,371,340	10,265	5.53	-150,366	89,664	58,264	80,347	76,460	4.84
2019/06/18	7,350	7,800	7,250	7,500▲	190	+2.60	1,555,823	11,721	5.38	-122,990	170,234	-38,701	-2,866	-67,253	4.55
2019/06/17	7,300	7,490	6,980	7,310▼	60	-0.81	1,197,023	8,551	4.67	-154,821	98,422	30,867	50,663	41,240	4.74
2019/06/14	7,300	8,050	7,080	7,370▲	170	+2.36	3,296,545	24,880	4.73	-41,329	112,008	-83,758	-5,698	-10,015	4.59
2019/06/13	7,040	7,300	6,970	7,200▲	160	+2.27	1,240,519	8,911	4.58	-190,595	143,033	44,180	78,688	63,845	5.00
2019/06/12	6,670	7,140	6,570	7,040▲	370	+5.55	2,225,003	15,358	4.74	-285,757	189,273	107,130	49,900	157,053	4.79
2019/06/11	6,470	6,970	6,420	6,670▲	240	+3.73	2,594,785	17,318	4.83	-296,293	162,337	138,573	104,686	176,401	4.26
2019/06/10	6,110	6,450	6,020	6,430▲	410	+6.81	2,234,242	14,030	4.99	-165,958	122,717	24,338	26,593	58,389	3.59
2019/06/07	5,820	6,140	5,650	6,020▲	320	+5.61	2,796,853	16,625	4.51	-446,157	232,831	264,986	107,645	250,114	3.47
2019/06/05	5,360	5,870	5,270	5,700▲	410	+7.75	4,430,762	25,147	4.62	-279,119	122,816	155,813	167,272	169,181	2.17
2019/06/04	5,180	5,300	5,140	5,290▲	80	+1.54	485,049	2,536	4.69	-44,215	0	24,173	34,486	40,896	1.41
2019/06/03	4,840	5,220	4,730	5,210▲	390	+8.09	828,313	4,223	4.72	-37,343	4,458	21,003	22,508	10,363	1.29
2019/05/31	4,695	4,870	4,640	4,820▲	175	+3.77	271,199	1,293	4.89	-21,597	20,000	-6,703	9,791	-12,825	1.19
2019/05/30	4,825	4,925	4,620	4,645▼	170	-3.53	467,449	2,205	4.84	-44,662	3	46,017	37,438	44,825	1.22

2019년 상반기 시장은 미중 무역 분쟁과 2차 북미회담의 결렬, 삼성전자와 SK하이닉스의 전년 대비 실적 부진, 국내 산업의 수출 비중 감소 등으로 시장이 힘들었던 시기이다.

이랜텍(054210)은 휴대폰, 노트북 등에 들어가는 배터리팩을 제조하고 휴대폰 케이스와 충전기 등을 제조하는 기업이다.

이랜텍은 2019년 2분기 영업이익 상향 조정과 함께 전년 동기 대비 흑자 전환, 기관의 목표가 상향 조정에 힘입어 2018년 10월에 2,010원이던 주가가 2019년 6월 20일에 8,440원이 되면서 고점을 높여갔다. 중간중간 기관의 대량 매수(표 2-1 참조)가 눈에 띄며, 수급을 보더라도 꾸준한 기관 유입을 볼 수 있다.

2) 외국인의 매매 성향과 특징

외국인 수급이 유입될 때는 시총 상위 종목만 상승하는 현상이 자주 나타난다.

가령 개인들이 중국이나 미국 등 해외에 나가서 주식투자를 한다고 생각해보자.

투자하려는 나라의 코스닥 저 아래에 있는, 시가총액이 작은 기업을 알 수 있겠는가? 아무리 정보력이 좋다고 해도 모르는 기업에 투자하는 경우는 거의 없다.

그러므로 외국인들은 업황의 흐름 실적도 중요하지만, 시장의 주도주가 없을 때에는 시가총액 상위 종목의 순환매로 수익을 내는 일이 많다.

외국인 투자자들의 매매 동향에 집중을 해서 이들의 동향을 체크하고, 같은 관점으로 대응하면 적어도 나홀로 소외된 매매는 피할 수 있다.

지속적인 지수 하락이나 외국인이 선호하는 중대형주의 종목들이 하락세를 멈춘다면 가장 먼저 살펴봐야 할 것은 수급이다.

외국인들의 매수 소진율이 높아지고 있다면 긍정적인 매수 관점이다.

기술적 분석 상 저항대까지 돌파하고 외국인들의 소진율이 높다면 지속 홀딩도 무방하다.

보유 관점의 흐름도 기관보다는 여유롭다.

개인보다 훨씬 향후 재료나 시장의 흐름을 정확히 파악하고 있기 때문에 오히려 기관보다 시장을 주도하는 경우가 많다.

특히 한번 매수가 시작되면 물량이 어느 정도 확보될 때까지 대시세 수익을 기다릴 수 있는 여유가 있기 때문에 단기적인 매매보다는 중장기적인 대응이 더욱 필요하고 유리하다.

> 가끔 투자자별 매매 동향에서 외국계 매수를 온전한 외국인 매수로 인지하는 경우가 있다.
> 여기서 외국인은 국적이 대한민국이 아닌 진정한 외국인을 표시하며, 외국계는 단순한 외국계 증권사이다.
> 예를 들자면 단타의 제왕 메릴린치(거의 매일 종목을 매매한다), 골드만삭스, 씨티그룹, JP모건, 모건스탠리 등이 있다.

외국인들의 경우 장기 매매도 이루어지지만, 중소형주 중에서 시장의 흐름에 따라 단기 매매가 이루어지는 경우도 많이 있다.

다음은 알서포트(131370)의 주식 차트로, 알서포트는 원격 소프트웨어 개발 공급 및 모바일 소셜미디어 서비스 업체이다.

이 회사는 원격 지원 시장 점유율 1위, 일본시장 1위, 아시아 시장 1위, 세계 5위를 차지하고 있다.

단기적으로 2,200원 대에서 외국인 수급과 함께 1개월 만에 100% 정도의 상승률이 나왔다.

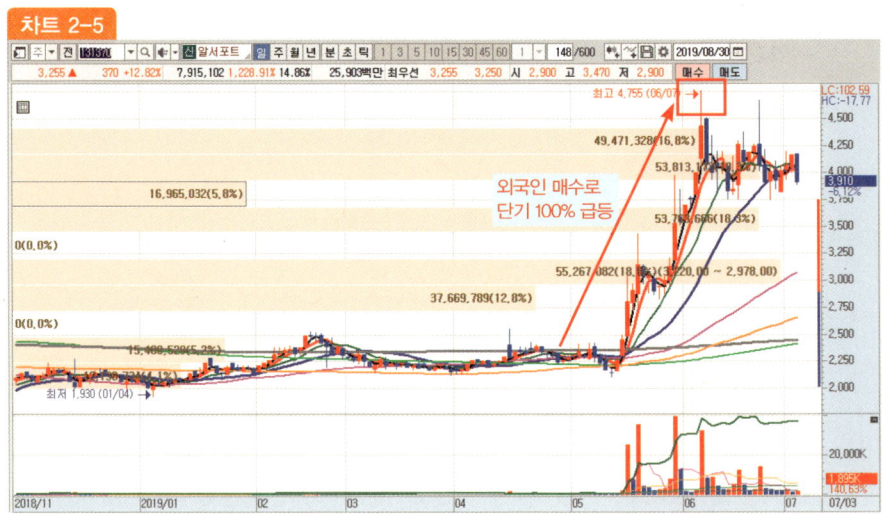

3) 개인의 매매 성향과 특징

그렇다면 개인은 어떠할까?

간혹 시장의 지수 흐름과 종목의 변동성을 볼 때, 지수는 혼조세인데 각 개인들의 계좌는 오히려 지수 대비 오르는 종목들이 눈에 띨 때가 있다.

그 이유는 다 같은 성향과 안목을 가진 개인 투자자들 때문이기도 하고, 큰 자금 없이도 종목의 급등락이 나올 수 있는 중소형주 섹터나 개별주, 테마주, 매집 차트에서 개인 매수세나 선취매 매수 세력의 핸들링으로 급등락이 나오는 경우가 많기 때문이다.

특히 개인 투자자들이 좋아하는 세력주, 급등주, 매집주들은 외국인과 기관의 연속적인 수급보다는 중소형주 중에서 개인 수급과 외국계 수급 종목에서 많이 포착된다.

04
테마주 / 급등주 저점 매수 원칙

1) 살아있는 생물, 테마주 시장의 습성

주식시장은 살아 움직이는 동물의 세계와도 같다.

주식투자자는 외국인, 기관, 개인으로 구분되며, 개인은 또 여러 형태의 부류로 나누어진다.

외국인 투자자는 환경에 적응을 잘할 뿐만 아니라, 다양한 조건 속에서도 잘 살아남기 때문에 동물로 보자면 여우에 비유할 수 있다.

한편 기관 투자자는 잔재주를 잘 부리며 사람과 가장 흡사하고 지능이 뛰어난 원숭이에 견줄 수 있다.

우리는 흔히 미련한 사람을 곰이라고 한다. 급히 해야 할 일을 느릿느릿 처리하면 '곰 가재 뒤지듯'이라는 표현을 쓰기도 하고, 둔하고 미련한 짓을 해서 자기 몸을 해치면 '곰 창날 받듯'이라는 속담을 쓰기도 한다. 또한 정작 일은 딴사람이 했는데, 엉뚱한 사람이 칭찬을 받으면 '재주는 곰이 부리고 돈은 되놈이 먹는다'라고 말한다.

예로부터 내려오는 곰에 관한 얘기는 민담에도 잘 나타나 있다.
곰이 잘 다니는 길목에 망태를 놓고 커다란 돌을 넣어 달아 놓으면 곰은 이것을 머리로 받아치고 또 받아치다가 결국은 죽는다는 것이다.
또한 삼부자가 번갈아가면서 곰을 공격하면 곰은 성격상 나중에 때린 사람을 공격하며, 또 다른 사람이 때리면 그 사람을 공격하면서 계속 목표를 바꾸다가 지쳐서 죽는다는 얘기도 있다.
이 글을 읽고 있는 당신은 어디에 해당하는가? 곰은 과연 누구일까?
그 답은 바로 개인 투자자인 당신이다. 개인 투자자의 성향은 곰과 같다.

주식시장의 매매자들을 동물에 비유했지만, 모든 동물은 어떤 때는 온순하고 어떤 때는 포악한 맹수가 되기도 한다.
각각의 동물들은 타고난 특성도 있지만, 생활 습성이나 환경에 따라 서로 다른 생존 본능이 있다. 주식시장도 동물들처럼 얼마나 잘 길들여지고 학습하고 맞추느냐에 따라 현명한 곰이 될 수도 있고, 여우가 될 수도 있다.
개인 투자자는 시장을 이길 수 없다. 시장에 순응하면서 맞춰나가야 한다. 급변하는 시장의 변화와 기법의 변화들에 길들여지고 터득하고 학습해야만 수익을 낼 수 있고 성공적인 투자를 할 수 있다.

시장에서 빼놓을 수 없는 가장 핫한 또는 대표적인 매매가 테마주 매매이다.
테마주는 이미 정보력에서 선취매한 세력에 의해 대장주가 될 것이고, 대부분 한번 상승을 하면 반복적으로 상승하면서 급등하는 경우가 비일비

재하다.

이와 같은 급등주가 탄생하면 투자자들은 시장에서 같은 테마 종목을 찾기 위해 혈안이 되며, 후발주자들이 뒤이어 급등하기 시작하면서 또다시 상승과 하락을 반복한다.

2007년도 대선 무렵 4대강 테마가 묻지마 급등을 시작했다.
이화공영은 950원대에서 5개월 만에 25,530원까지 2,590%가 급등했고, 특수건설은 3,500원에서 41,000원까지 급등을 했다.
그런데 이때만 해도 4대강 테마는 이화공영, 특수건설, 삼목정공(현재는 삼목에스폼), 신천개발(상장 폐지) 등 대표적인 종목이 4개 정도밖에 되지 않아서 급등하는 날은 4개 종목이 거의 동시에 상한가를 기록하거나, 하락할 때는 거의 동시에 급락하며 하한가 수준으로 같이 움직였다.

2019년 최근 주식시장의 테마주들은 과거 학습으로 인해 하나의 테마에 아주 많은 종목들이 나열되어 있는 것을 볼 수 있다. 같은 테마 안에서도 철저하게 순환매의 흐름들이 이어지면서 대장주로 움직이던 종목이 단기 과열되면, 완화장치 3일의 단일가 매매로 쉬어가면서 대장 테마의 순환매가 종종 연출된다.

개인들이 너무나 흥분하고 좋아하는 테마주. 때로는 큰 웃음을, 때로는 큰 아픔을 주는 테마주의 저점 매수 발굴 원칙에 대해 한번 알아보자.

2) 테마주/ 급등주 저점 매수 원칙

HTS와 인터넷을 활용해서 종목과 뉴스를 살펴보자.

주식시장에서 테마의 종류는 헤아릴 수 없이 많으며 너무나도 다양하다. 따라서 중요한 핵심 테마는 관심 종목에 정리된 데이터가 반드시 필요하다.

각 증권사의 테마주 정리 제공 자료나, 인터넷에 'OO관련주' 하고 검색만 해도 핫한 종목들이 많이 노출된다. 실제 이슈와 종목의 개연성이 있는지 살펴보고 관심 종목에 정리하자.

표 2-3

테마명	등락률	기간수익률	상세	종목명	현재가	대비	등락률	거래량	기간수익률
LCD BLU제조	▲ 2.87%	2.87%		에프엔에스테	7,360 ▲	1,210	19.67%	1,638,765	19.67%
반도체 대표주(생산)	▲ 2.65%	2.65%		디엔에프	7,700 ▲	710	10.16%	912,684	10.16%
반도체 재료/부품	▲ 2.25%	2.25%		매직마이크로	1,605 ▲	105	7.00%	6,477,228	7.00%
증강현실(AR)	▲ 2.16%	2.16%		에프에스티	8,260 ▲	540	6.99%	1,235,761	6.99%
공작기계	▲ 2.07%	2.07%		윌덱스	7,270 ▲	380	5.52%	189,498	5.52%
게임	▲ 2.05%	2.05%		오킨스전자	3,515 ▲	180	5.40%	54,522	5.40%
LPG(액화석유가스)	▲ 1.93%	1.93%		엘티씨	11,200 ▲	550	5.16%	249,242	5.16%
선박평형수 처리장치	▲ 1.88%	1.88%		원익머트리얼	21,650 ▲	1,000	4.84%	374,963	4.84%
애니메이션	▲ 1.87%	1.87%		오션브릿지	10,850 ▲	500	4.83%	1,705,164	4.83%
제4이동통신	▲ 1.85%	1.85%		마이크로컨텍	2,780 ▲	125	4.71%	88,243	4.71%
스마트팩토리(스마트공장)	▲ 1.83%	1.83%		솔브레인	51,700 ▲	2,250	4.55%	427,553	4.55%
주류업	▲ 1.78%	1.78%		케이씨텍	15,300 ▲	450	3.03%	271,591	3.03%
OLED(유기 발광 다이오드)	▲ 1.73%	1.73%		동진쎄미켐	12,200 ▲	350	2.95%	18,885,902	2.95%
정유	▲ 1.72%	1.72%		메카로	14,700 ▲	400	2.80%	144,785	2.80%
5G(5세대 이동통신)	▲ 1.71%	1.71%		에스앤에스텍	7,190 ▲	180	2.57%	221,232	2.57%
모바일게임(스마트폰)	▲ 1.70%	1.70%		피에스엠씨	825 ▲	19	2.36%	105,544	2.36%
미디어(방송/신문)	▲ 1.69%	1.69%		대덕전자	11,100 ▲	250	2.30%	988,351	2.30%
카지노	▲ 1.57%	1.57%		아이윈스	6,340 ▲	120	1.93%	92,103	1.93%
통신장비	▲ 1.55%	1.55%		덕산하이메탈	5,640 ▲	100	1.81%	30,131	1.81%
CCTV & DVR	▲ 1.52%	1.52%		엠케이전자	8,370 ▲	130	1.58%	49,173	1.58%

대장주는 거래량에서 찾자

매년 연초에는 항상 코스닥 정부 정책 관련주들이 급등을 한다.

1월 시작과 함께 영웅 정책 테마가 생기고, 그 안에서 대장주가 3~5개 정도 형성된다.

사물 인터넷, 3D프린터, 자율주행차, 바이오 제약, 2019년에는 수소차까지. 새해 신규 정부 정책 관련주들은 가장 핫하게 움직일 수 있는 재료가 되기도 한다.

이런 뉴스들은 연말이면 접할 수 있다. 내년 정부 정책 예상 편성을 하면서 어떤 사업에 어느 정도의 자금이 투입되고, 신규 사업에 어떤 프로젝트가 추가되는지 등의 여부를 우리는 뉴스를 통해 상세히 알 수 있다.

새롭게 편성된 신규 사업이나 또는 집중적으로 육성하려는 사업이 가장 확률이 높다. 그와 같은 종목들 위주로 살펴보면서 수급과 거래량을 보자.

최근 들어서 2주간의 최저점 거래량을 찍고, 점진적인 거래량 증가와 주가의 흐름이 저점을 찍고, 이평선이 수렴 과정을 보이면서 같은 테마의 종목들이 비슷한 모양의 차트를 만들어내고 있다면 조만간 그 테마 업종은 상승 테마가 될 확률이 높다.

또는 전일 어떤 이슈나 재료에 의해 반등이 나온다면 같은 테마 종목 중에서 가장 강세 종목의 공통점을 찾는 것이 중요하다. 아마도 그것은 거래량일 것이다.

대장주는 같은 테마 종목 중에서도 가장 많은 거래량을 수반하는 경우가 많다. 만약 대장주를 놓쳤다면 또 하나의 방법은 그 다음 후발 거래량 종목과 차트의 위치, 대장주의 흐름을 보면서 매매를 하면 된다.

테마와 산업은 엄연히 다르다. 반드시 그 차이를 확실히 구분해 둘 필요가 있다.

산업주는 그 내용으로 인해 기업의 매출이 발생하면서 실적과 연관되어 성장해 나가는 것이고, 테마는 그야말로 기대 심리이다.

당장 그 이슈로 실적은 수반되지 않지만, 미래에 그럴 것이라는 기대감이 한껏 부풀었기 때문에 당장 실적도 없고 매출도 없다. 그러므로 테마주의 경우 장기 투자는 절대로 금물이다.

테마주를 고점에 매수해서 손실을 깊게 보게 되면 최소 제대로 된 산업으로 형성되기까지 2년 이상을 마음 고생해야 한다. 그나마 산업으로 형성되면 다행이지만 기다리다 흐지부지될 수도 있다.

아래 종목을 한번 살펴보자.

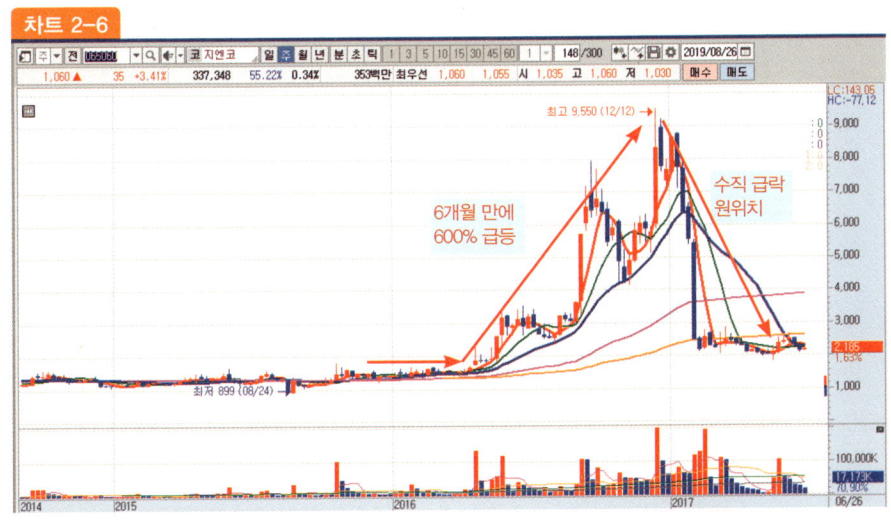

2017년 한 후보의 대선 테마로 편입된 지엔코(065060)는 신임 대표가 대선 후보의 외조카라는 이유만으로 1,400원이던 종목이 6개월여 만에 9,550원이 되며 600%가 급등했다. 하지만 후보의 중도 포기로 주가는 급락했으며, 2019년 현재에는 원래의 위치로 돌아가서 1,300원대에 거래가 되고 있다.

테마주는 단기 급등락에 따른 순환매의 사이클을 잘 타야하며, 빠른 변동성과 순환매의 흐름이 있기 때문에 잘하면 대박이지만 못하면 쪽박이다.
따라서 저점 매수와 분할 매수 그리고 소액 투자가 정답이며, 고점에 잘 매도하기 위해 매도 징후를 파악하는 것이 중요하다.

05

테마주/급등주 고점 매도 원칙

1) 성동격서 원칙을 이용한 테마주/ 급등주 고점 매도

손자병법의 삼십육계 중 승전계의 제6계가 성동격서(聲東擊西)이다.
　성동격서는 동쪽에서 소리를 내고 서쪽을 공격한다는 것으로, 주포나 세력들은 바닥권에서 소리 없이 모아가면서 주식을 매수하고, 대량 거래가 터지면서 급등시켜 개인의 환심을 산 후, 개인이 고점에서 그 물량을 다 받는 동안 몰아 놓고 유유히 환매한 자금으로 또 다른 테마를 매집하기 위해 저점에서 작업을 시작한다.

　주식은 매수하는 투자자 모두가 수익이 날 수 없다. 저가에 매수하는 이가 있을 것이고, 또 상대적으로 파는 물량이 있기 때문에 매수가 된다.
　테마주, 급등주가 무서운 건 바로 그 시세를 알 수 없기 때문이다.
　실적이 뒷받침된 것도 아니고, 기관과 외국인들의 수급이 걸맞게 형성되지도 않는다.

그저 이슈에 의해 거래량이 붙고, 매도 물량 없이 매수세만 붙으면 계속 급등하고, 하루에 같은 내용의 뉴스라도 주포의 핸들링에 따라 어떤 종목은 상한가를 가고, 어떤 종목은 급등 후 윗꼬리로 마감을 한다.

따라서 테마주는 바로 이 성동격서 원칙이 반드시 지켜져야 한다.
바닥권에서 점진적인 거래가 수반되면서 하락하던 20일선이 우상향하고, 하락하선 60이평선의 기울기가 최소한 완만해지기 시작한다면 서서히 매수 유망 종목으로 관심권에 포착해야 한다.
또한 급등 이후 장대음봉과 함께 최근 매수세보다 강한 매도 물량이 출회된다면 가차 없이 매도 전략을 갖춰야 한다.

2018년 6월 12일은 역사적인 날이었다. 제 1차 북미회담이 싱가포르에서 열렸기 때문이다.
2018년 1월이 시작되면서 이 기대감으로 남북 경협주들이 줄줄이 급등세를 이어가며 여러 가지 테마를 형성했다. 개성공단, 철도, 가스관, 농업, 원전 테마 등등.
다음 종목을 보면 고점 장대음봉이 얼마나 무서운지 알 수 있다.

좋은사람들(03340)도 개성공단 입점 관련 기업으로 대장주 역할을 하면서 저점에서 거래량 증가와 함께 폭발적인 급등을 이어가며 1,780원이던 주가가 4개월 만에 9,440원까지 500% 급등했다.
이 종목을 보면 바로 성동격서의 원칙을 알 수 있다.
A 구간부터 점진적인 거래량 증가와 중간중간 강한 기간 조정, 장대 양봉의 매수세 이후 매도 없이 고점까지 급상승시키고 고점에서 대량 거래

장대음봉 매도 물량이 발생했다.

2차 북미회담에 대한 기대감이 있지만 결국 주가는 급락해서 1/3 토막이 나게 된다.

이처럼 무서운 게 테마주이므로 성동격서의 원칙을 반드시 기억하기 바란다.

2) 테마주의 끝을 알리는 신호

테마주는 대장주가 먼저 급등을 하고 그 명분이 이슈화되고 나면 후발주들이 나타난다.

저점에서부터 매집이 완성되며 개인들을 마지막 급등 직전까지 철저하게 소외시키고 팡파르를 울린다.

테마주의 대장주가 2개월여에 걸쳐 저점 대비 100~400% 단기 수직 급등이 나온다면 고점일 가능성이 높다. 테마주의 대장주 격이 100% 이상 급등하면 후발 종목들이 우후죽순 시장에 등장하면서 작은 연관성으로도 급등을 하게 된다.

또한 그동안 대장주를 주거니 받거니 했던 3~4개의 종목들이 어느 날 동시에 상한가를 찍거나, 하루걸러 한 테마에서 2~3개의 상한가가 속출한다면 그 테마는 거의 단기 고점 징후이다.

2019년 1월, 정부가 수소 연료 전기차 보급 사업 예산을 큰 폭으로 증가시키고, 미세먼지 저감대책으로 민감하게 반응을 보이자, 40여개가 족히 넘는 수소차 테마주들이 급등을 했다.

12월 10일 무렵부터 풍국주정, 유니크를 대장으로 한 수소차 테마가 형성되었다.
1월 17일에 제이엔케이히터, 유니크, 두종목이 상한가를 형성하고, 1월 18일에는 미코, 대우부품, 코오롱머티리얼즈, 뉴인텍, 모토닉, 평화홀딩스, 삼화전자, 성창오토텍 등 무려 8개의 종목이 상한가를 형성하는 테마의 마지막 불꽃을 보여주었다.
그리고 1월 21일에는 후발 주자들인 인지컨트롤, EG, 일진다이아가, 1월 28일에는 우수AMS가 유종의 미를 장식한다.
이후 주가의 흐름은 과연 어땠을까? 여기서도 대장주가 얼마만큼 중요한지를 알 수 있다.

대장주였던 풍국주정은 12월에 먼저 급등했지만, 오히려 1월에는 상한가의 모습이 없었다. 1월 17일 고점에서 매도 물량이 출회되고, 하락 후 3월에 다시 소폭의 반등이 나온 후 다시 추가 하락했다.

2019년 6월에 정부의 수소차 정책이 다시 새롭게 나왔음에도 가장 먼저 대장주 격으로 급등을 시작했다.

자, 여기서 중요한 것은 대장주는 하락 시에도 수직 하락은 나오지 않는 다는 것이다. 고점에서 매도 물량이 다 출회되지 않았으므로, 하락 시 재차 소폭의 반등이 나오면서 매도 타이밍을 모색한다. 추후 다시 테마나 산업으로 자리 잡아 반등이 나올 때에도 대장주의 역할을 한다.

그 외 후발주 종목은 상한가를 마지막으로 급락하기 시작하며, 하락 중간 단기 반등도 없이 상승이 시작됐던 원래의 가격대로 돌아온다. 평화홀딩스 또한 저점 대비 300% 급등했지만 결국 주가는 폭락에 이르렀다. 테마주의 끝은 이렇게 무서운 것이다.

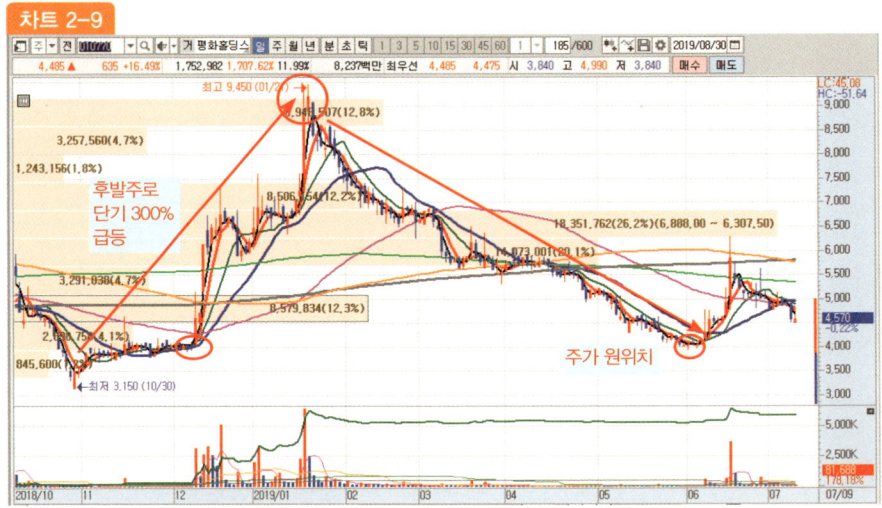

　테마주는 대장주의 흐름이 저점 대비 100~400% 급등 시 반드시 조심해야 할 구간이다.

　따라서 테마주는 대장주의 순환매를 잘 보면서 주도주를 매수해야 상승 시에도 큰 폭으로 상승하며, 하락 시에도 매도의 기회를 준다.

　만약 후발주를 매수했다면 대장주의 눈치를 보면서 단기적인 시세만 보고 빠르게 매도해야 한다.

　그러나 예외적인 테마가 하나 있다. 바로 정치 대선 테마이다.

　2007년 4대강 테마부터 본격적으로 시작한 대선 테마는 초반에는 인맥 지인 관련주가 급등을 시작하고, 대선이 다가올수록 각 정당의 후보 정책 관련주가 급등하며, 각 리서치 조사들을 통해 지지도에 따라 급등락을 반복한다.

　대선까지의 기간이 길게 형성되기 때문에 저점 대비 상승이 시작되면 종목에 따라 500~1,000%까지도 형성이 된다.

꼭 어느 후보의 당선 여부를 떠나 그야말로 분위기에 따라 종목의 희비가 엇갈린다.

특히나 대선 테마주는 한번의 선거가 지나면 또다시 그 후보의 향방을 알 수 없기 때문에 조금 덜 오르더라도 기업의 내용이 충실한 종목을 선정하는 것이 가장 중요한 원칙이다.

테마주의 흐름을 잘만 이용한다면 대박도 나지만, 성동격서의 매매를 한발 늦게 따라간다면 그야말로 쪽박으로 가는 가장 빠른 지름길임을 명심하기 바란다.

테마주의 끝을 알리는 또 하나의 신호는 억지 편입이다. 대장주가 급등하고 후발 주자들이 무더기 상한가에 진입할 때, 바닥에 있는 수혜로 보기도 힘든 억지 테마주가 반등할 경우에는 절대로 조심해야 한다. 최고점 신호이다.

투자를 할 때 큰 그림을 보라는 Wall Street의 격언 중에

우리도 흔히 알고 있는 '나무를 보지 말고 숲을 보라'라는 속담이 있다.

나무라 함은 개별 종목의 순간순간의 급등락과 차트의 모습이자

일일 변동성이며, 숲은 그 기업의 가치, 또는 전체적인 흐름을 말한다.

거시적인 안목, 글로벌 시장의 흐름, 환율과 주가의 관계,

유가의 흐름, 외국인과 기관의 매매 동향,

각 업종마다 업황의 동향 등을 두루두루 살펴야 큰 숲을 볼 수 있다.

Part 3.
살아 있는 재료를 파악하는 차트 완전 정복

비관주의자는 기회 속에서도 고난을 보지만,
낙관주의자는 고난 속에서도 기회를 본다.

- 윈스턴 처칠

우리는 잘 모르는 회사에 소중한 재산을 투자하고 가끔 돌이킬 수 없는 후회를 한다. 매매하기 전 기본적 분석은 두말할 필요가 없다. 주식투자에 있어서 기본 분석은 기초 의식주를 갖추는 것처럼 항상 갖추어야 할 조건이다.

기술적 분석은 시장의 상황에 따라 기법이나 분석 방법이 조금은 달라질 수 있으나, 기본 원칙은 절대 변하지 않는다. 기본적 분석 원칙은 반드시 지켜야 한다. 내가 알지 못하는 재료는 이미 차트에 숨겨져 있고, 상승을 준비하고 있다. 다만 그 재료의 발표 시기와 강도에 따라 주가가 급등락을 한다. 즉 재료는 차트에 살아있다.

01 차트 분석의 기본 원칙

　　인터넷의 발달과 정보의 홍수 속에서 우리는 마음만 먹으면 쉽게 주식 매매를 시작할 수 있다. 동호회나 많은 사모임을 통해서도 기술적 분석에 대해 조금만 습득하고자 하면 가능한 통로가 아주 많다.

　　문제는 자칫 이런 현실 속에서 기술적 분석에만 집중해서 정작 가장 중요한 기업의 주가 가치를 놓치는 경우가 많다는 것이다.

　　소위 말하는 세력들의 매집, 기업 가치와는 무관하게 주가를 올렸다 내렸다 수급으로 핸들링하는 주포들이 많아지면서 개인들은 가끔 기업의 내재 가치를 무시한다.

　　매매를 하기 위해 종목을 선정하는데 있어서 기본적 분석은 필수다.

　　지난 2019년 3월 18일, 코스닥 기업인 케어젠이 전년도 재무제표에 대해 외부감사자인 삼정회계법인으로부터 매출 채권 등의 문제를 지적받아 감사 의견을 받지 못했다.

시가총액 8,300억 원인 44위의 케어젠은 외부감사자인 삼정회계법인이 2018년도 매출 및 매출원가, 매출 채권과 재고자산에 대해 확신할 입증 증거를 확보할 수 없어 감사 의견을 거절한 것으로 드러났다.

이는 분식회계로도 이어질 수 있는 사안으로, 그동안 케어젠의 재무가 건실했다는 점에서 투자자와 업계가 모두 깜짝 충격에 빠졌다.

케어젠은 코스닥 제약 업종에 속해 있으며, 단백질의 기능을 갖는 펩타이드에 대한 연구와 기술을 바탕으로 화장품·의료기기·의약품을 생산 판매하면서 최근 3년 동안 매 200억 원 이상의 순이익을 꾸준히 기록해오고 있다.

지난해 당기순이익도 301억 원으로 지속적인 성장을 달성해왔다. 거래 정지 전 주가도 76,500원으로 좋은 평가를 받고 있었으며, 시가총액은 8,200억 원에 달했던 기업이다.

아래 재무제표와 차트를 보더라도 감사보고서 의견 거절 직전까지 일반 투자자들은 전혀 느낌조차 알 수 없는 주가의 흐름이었다.

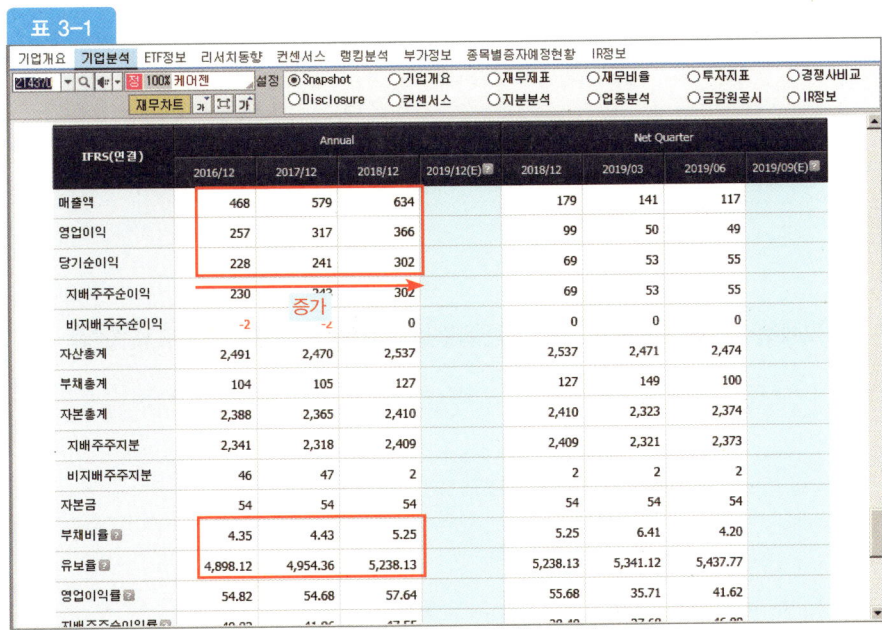

표 3-1

* 매출액과 영업이익, 당기순이익이 증가하고, 유보율도 좋아지고 있다.

차트 3-1

PART 3 · 살아 있는 재료를 파악하는 차트 완전 정복

표 3-2

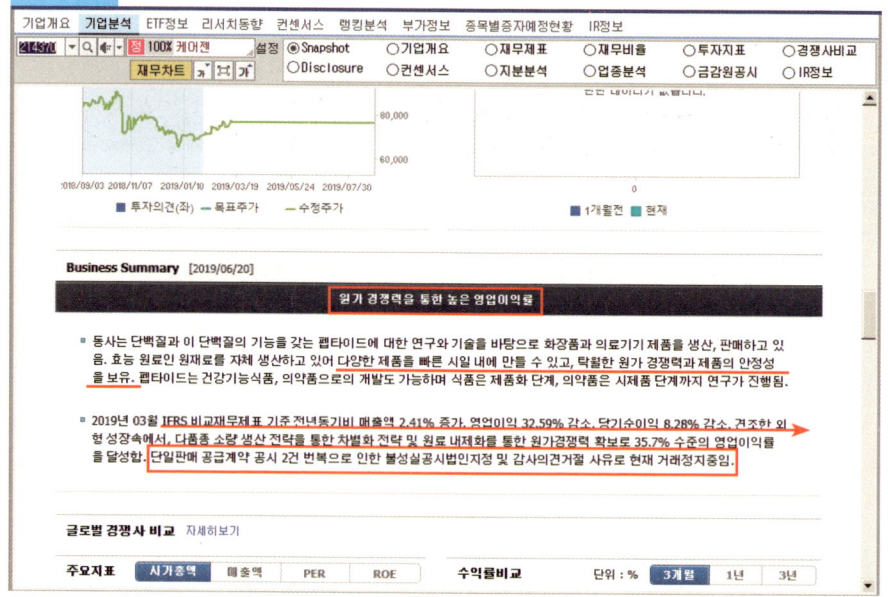

주식투자를 함에 있어 개인 투자자들은 많은 핸디캡을 갖고 있다.

많은 하락 조건들 속에서 확률 게임을 하며, 수익을 낼 수 있는 경우의 수를 경험상 쌓아가는 것이고, 그런 종목을 찾는 것이다.

많은 개인들이 급등주나 로또 같은 주식을 찾기 원하는 반면, 진정한 가치 투자, 자식에게 물려주고 싶을 만큼 좋은 주식을 매수하고 싶어 하지만, 케어젠의 경우와 같은 현실 앞에서 개인은 속수무책이다.

재무제표나 기본적 분석 얘기만 나오면 어렵게 생각하는 투자자들이 많은데, 이 책을 통해서 아주 간단히 최소한 내가 투자하는, 매매하는 기업의 기본적인 사항은 꼭 파악하고 가는 원칙은 지키도록 하자.

02
중장기 투자를 위한
5대 지표 수익 매매 원칙

　주식투자는 손실을 보기 위해 매매를 하는 것이 아니다. 매수를 하는 순간 우리는 기본적인 손실을 떠안고 간다. 매매 수수료와 세금, 최소한 내가 매수한 금액보다 두세 호가 위에서 기본적으로 매도를 해야 본전이다. 그러므로 꾸준한 수익과 안정적인 계좌 관리를 위해서는 원칙을 지키는 정석 투자가 필요하다.

　수익성과 안전성. 내가 매수한 회사의 주가가 연일 상승하면서 계좌가 수익이 나도, 정작 매도를 해서 수익 금액으로 확정을 짓고 내 계좌에 입금되기 전까지는 수익이 아니다.

　반면 손실도 마찬가지다. 시장의 변동성과 단기 악재로 인해 주가가 매수한 순간부터 하락해서 손실이라고 해도 중장기 관점에서 지금 현 시점이 하락의 단기 악재라면 매도를 해서 손실로 확정 짓지 말고 주가의 흐름과 기업 가치를 보면서 대응하는 전략이 필요하다.

　같은 주식을 같은 가격에 매수해도 그 주식을 수익으로 매도 처리하느냐 손실로 매도 처리하느냐에 따라 내가 그 주식의 가격을 확정 짓게 되는 것이다.

그렇기 때문에 주식을 매수하기 전에 이 부분은 반드시 챙겨야 할 원칙이다.

단기 매매든 중기 매매든 매수하기 전 최소 기업이 부실한지 꼭 살필 것, 또한 현재 주가의 상태가 저평가인지 고평가인지, 물론 이 부분은 중기 투자에 더 필요하겠으나 반드시 이런 원칙을 지켜야 성공적인 수익의 결과에 한걸음 다가설 수 있다.

막연히 기본적 분석이 복잡하다고 생각하지 말고, 지금부터 시장 가치 대비 분석 중에서 꼭 알아야 하고, 비교 대상이 가장 많이 되는 대표적인 5가지 적정 지표를 간단히 살펴보도록 하자.

1) 자기자본이익률(ROE, Return On Equity): 우량 재무 확인 지표

- 자기자본이익률(ROE) = (당기순이익 / 자기자본총계) × 100

자기자본이익률은 경영자가 자기 자본으로 어느 정도의 이익을 올리고 있는가를 나타내는 지표다.

즉 자기자본이익률은 자기자본으로 얼마만큼의 이익 창출을 하는지를 알 수 있는 종목 우량성을 판단할 수 있는 지표인 것이다.

당기순이익을 자기자본으로 나눈 뒤 여기에 100을 곱한 수치가 공식이며, 자기자본이익률이 높을수록 우량한 기업이라고 판단한다.

2) 주당순이익(EPS, Earning Per Share): 가치주, 저평가 확인 지표

- 주당순이익(EPS) = 당기순이익 / 총 발행 주식수

주당순이익은 식에서도 볼 수 있듯이 쉽게 표현해서 한 주당 벌어들이는 순이익이다.

기업이 수익을 낸 당기순이익을 그 기업의 발행 주식수로 나눈 값으로, 1주당 얼마나 이익을 창출했는지 나타내는 지표이다. 일반적으로 주당순이익이 높을수록 경영 실적이 양호하다는 뜻이며, 이는 기업의 투자 가치가 높다는 것을 의미한다.

3) 주가수익률(PER, Price Earnings Ratio): 가치주, 저평가 확인 지표

- 주가수익률(PER) = 주가 / 주당순이익(EPS)

주가수익률은 주가 수익 비율로써 현재 주가를 주당이익으로 나눈 수치로, 1주당 주당순이익(EPS)의 몇 배가 되는가를 나타낸다.

주가수익률은 기업의 수익 가치를 판단할 수 있어 투자에 도움이 된다.

PER이 높을수록 투자자들이 기업에 기대하는 바가 크다는 것을 의미하고, 낮을수록 저평가 되어 있다는 것을 의미한다. 올바른 주가수익률을 나타내기 위해서는 정직한 연결 재무제표와 영업 실적을 공개하는 것 등이 필수적이다.

또한 업종별로 다르기 때문에 일률적으로 같은 방식을 적용해서 비교하는 것은 무리가 있다.

4) 주당순자산(BPS, Book-value Per Share): 가치주, 저평가 확인 지표

- 주당순자산(BPS) = 순자산 / 총 발행 주식수

주당순자산은 기업의 자산 충실도를 나타내며, 자산 가치가 주가에 얼마나 반영되어 있는지를 측정하는 지표로 기업의 장부 가치를 말한다. BPS가 높다는 것은 기업의 자산 가치가 높다는 것을 나타낸다.

주당순자산은 만약 회사가 당장 문을 닫는다고 가정했을 때, 그 자산이 주주들에게 얼마만큼 배분이 되는지를 알 수 있다. BPS가 높을수록 받는 배당금이 크다.

> 그렇다면 BPS가 높은 주식을 사면 무조건 좋을까? 답은 No. BPS가 높으면 그만큼 리스크도 따른다.
> 쉽게 예를 들면 로또나 스포츠복권처럼 게임을 할 때 이길 수 있는 확률은 낮고 배당은 높다. 이런 원리로 이해하면 쉬울 것이다.

5) 주당순자산비율(PBR, Price Book-value Ratio): 가치주, 저평가 확인 지표

- 주당순자산비율(PBR) = 주가 / 주당순자산(BPS)

주당순자산비율은 현재의 주가를 1주당 순자산(장부가격에 의한 주주 소유분)으로 나눈 지표로서, 주가가 1주당 순자산의 몇 배로 매매되고 있는가를 나타낸다. 시장 가치와 장부상의 가치를 비교하는 지표인 주당순자산비율은 PER와 함께 상대적 주가의 수준을 나타내는 지표이다.

PBR이 낮고 대주주 지분이 너무 낮은 회사는 적대적 M&A의 대상이 되는 경우도 많다.

적당한 대주주 지분은 30% 내외가 좋다. 너무 높으면 시장의 유동 물량이 적어서 주가의 움직임이 탄력적이지 못하고, 너무 적으면 대주주의 힘이 약해져서 적대적 M&A의 표적이 되기 쉽다.

자기자본이익률(ROE)	(당기순이익/자기자본총계)×100	높을수록 좋다	우량 재무 확인 지표
주당순이익(EPS)	당기순이익/총 발행주식수	높을수록 좋다	가치주, 저평가 확인
주가수익률(PER)	주가/주당순이익(EPS)	낮을수록 좋다	가치주, 저평가 확인
주당순자산(BPS)	순자산/총 발행주식수	높을수록 자산 가치가 높다	가치주, 저평가 확인
주당순자산비율(PBR)	주가/주당순자산(BPS)	낮을수록 좋다	가치주, 저평가 확인

03
단기 매매 시 꼭 확인해야 할 10분 투자 기본 원칙

　기본적으로 기업이 수익을 잘 내고 있는지, 앞으로 성장성은 있는지, 사실 과거의 내용은 알 수 있지만 우리 개인 투자자들은 미래 산업의 성장성까지 자세히 알 수는 없다. 그저 증권사 자료나 뉴스를 통해서 대략적인 파악을 할 뿐이다.

　중기 이상의 관점 종목들은 앞서 말한 5가지 지표를 꼭 살펴야 한다.

　그러나 데이트레이딩이나 스윙 관점의 단기 매매 투자자들은 하나하나 기본 분석의 내용을 다 살피기에는 장중 주가의 변동성도 크고 쉽지가 않다.

　지금부터 장중에 갑자기 테마주 매매를 해야 한다거나, 차트 미인주를 스윙으로 접근할 때 꼭 체크해야 할 부분을 빠르고 간략하게 살펴보도록 하자.

주식 매매에 있어 가장 중요한 것은 매수하고자 하는 주식회사의 정보를 얻는 것이다.

코스피인지 코스닥인지, 전기전자 IT 업종인지, 제약 바이오 업종인지 일단 먼저 파악을 해야 한다. 만약 당신이 제약 바이오주에 관심이 있다고 했을 때, 현재 주식시장의 흐름이 전반적으로 제약 바이오 주의 악재가 노출되고 분위기가 좋지 않다면 아무리 차트 미인주이고, 단기 재료가 있고, 스윙 또는 단타로 접근하고 싶어도 다른 종목을 선택하는 것이 좋다.

시장 상황이 그러할 때는 상한가에 버금가는 재료가 나와도 매매에 능수능란하지 않으면 결국은 주가가 급등했다가 윗꼬리가 출현되면서 물리기 쉽다.

2019년 상반기 국내 주식시장의 상황을 살펴보면, 삼성바이오로직스의 분식회계, 대웅제약, 메디톡스의 균주 싸움, 케어젠의 의견 거절, 코오롱의 인보사, 에이치엘비의 리보세라닙 위암 3상 쇼크 등 시총 상위 제약 바이오주에서부터 소형주까지 하루가 멀다하고 악재가 터져 나왔다.

이런 심리 속에서 같은 업종군들은 아무리 좋은 호재가 나와도 버티기가 힘들다.

일단 기업의 내용과 하는 일을 파악하자.

표 3-3

| 기업개요 | 기업분석 | ETF정보 | 리서치동향 | 컨센서스 | 랭킹분석 | 부가정보 | 종목별증자 |

054780 키이스트   자료 제공처 : FnGuide(에프앤가이드)

주 소	서울특별시 강남구 학동로11길 30		
설 립 일	1996/10/08	대표이사	박성혜, 신필순
상 장 일	2003/11/14	종업원수	45
결 산 월	12	전화번호	02)3444-2002
그 룹 명		주거래은행	IBK기업은행
업 종	영화, 비디오물 및 방송프로그램 배급업		
주요상품	[드라마제작]용역/[매니지먼트]로열티 외/[매니지먼트]용역/[해외 엔터테인먼트]상		

주주명	주권의 수(주)	지분율(%)	주주형태	주주수	지분율(%)
에스엠(외 1인)	26,803,716	31.40	개인/법인	7	25.83
박성혜	203,735	0.24	주요외국인주주	1	6.11
김영민	83,191	0.10			
김덕우	80,350	0.09			
한세민	34,804	0.04			

시가총액

어떤 일을 하는 기업인지 알았다면 이제는 시가총액을 살펴볼 차례이다.

시가총액이란 증권거래소에 상장된 모든 상장 주식을 시가로 평가한 금액을 말한다. 각 상장 종목의 상장 주식수에 각각의 종가를 곱한 후 이를 합계하여 산출하게 된다.

일단 매출액과 시가총액을 간단히 비교해보자.

매출액을 살펴보았을 때 만약 시가총액이 비슷한 정도의 수준이라면 주식시장에서 적정한 평가를 받고 있다는 것이다.

단순히 점검해 봤을 때 저평가라는 말은 매출액 > 시가총액이라는 말도 된다.

대략 매출액 대비 1~2배 정도를 적당하다고들 하지만, 업종별로 보면 이 또한 못 박아놓고 비교할 부분은 아니다. 바이오 업종과 전기전자 업종을 같이 놓고 볼 수 없는 것처럼 말이다.

당연히 매출액은 해마다 점점 더 증가하는 것이 좋다.

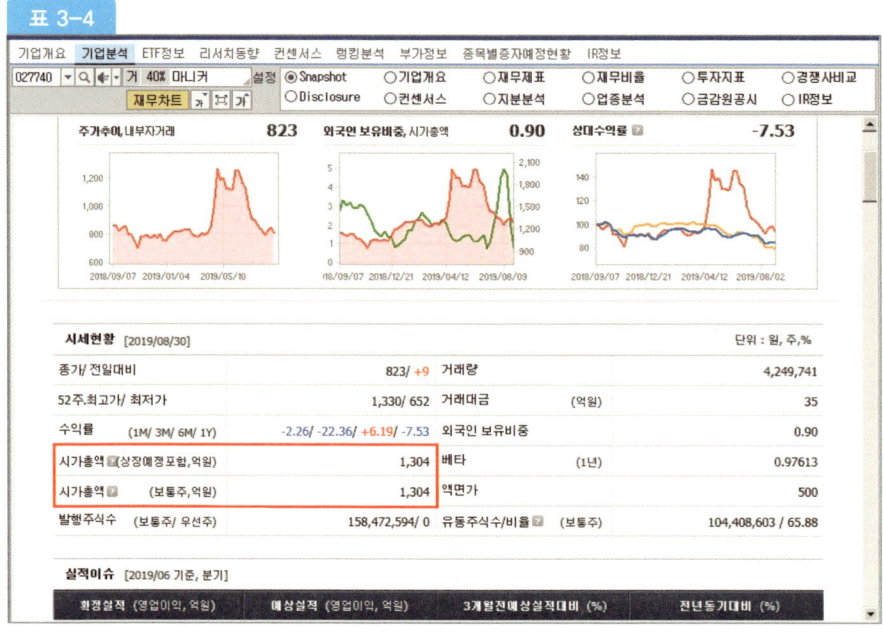

액면가

일반적인 사전적 의미로 보았을 때 액면가는 주식이나 채권의 표면에 표시되어 있는 가격으로, 실제 거래가와는 관계없이 표면 가격을 의미한다. 우리나라에서는 국내 기업의 무액면주 발행을 금지하고 있었지만, 2012년 4월 상법 개정으로 무액면주 발행이 허용되었다.

주식에서의 액면가는 상법에 의해 100원 이상으로 규정되어 있다. 주식에서 채택되는 액면가는 100원, 200원, 500원, 1,000원, 2,500원, 5,000원이고, 표준 액면가는 5,000원이다.

유가증권 시장에서는 5,000원 액면가가 많으며, 코스닥 시장에서는 500원 액면가가 많다.

발행주식수 / 유통물량 / 대주주물량

발행주식수는 전자 공시 시스템에서 간단히 확인할 수 있다.

주식의 총수에서 보면 총 발행할 주식의 총수 대비 현재까지 발행한 주식의 총수를 확인해 보면 된다.

그리고 유통 물량은 대주주 물량을 제외한, 시장에서 움직일 수 있는 물량을 확인해야 하며, 대주주 물량은 30% 내외가 적당하다.

대주주 물량이 너무 많고 발행 주식수가 너무 적으면 시장에 유통 물량이 적어서 거래량이 없는 품절주가 되기 쉽고, 또 대주주 물량이 20% 미만이거나 또는 그 이하이면 적대적 M&A 대상이 되기 쉽다.

자기 방어를 위한 대주주의 주식 물량은 30% 내외가 가장 적당하다. 또한 만약 대주주가 주식시장에 상장된 기업이라면 주가의 흐름을 볼 때 반드시 연관성을 두고 보는 습관을 가져야 한다.

예를 들어 아래 마니커라는 종목이 갑자기 조류독감 발생으로 급락했다면 분명 대주주인 이지바이오의 주가도 영향력을 받게 될 것이다.

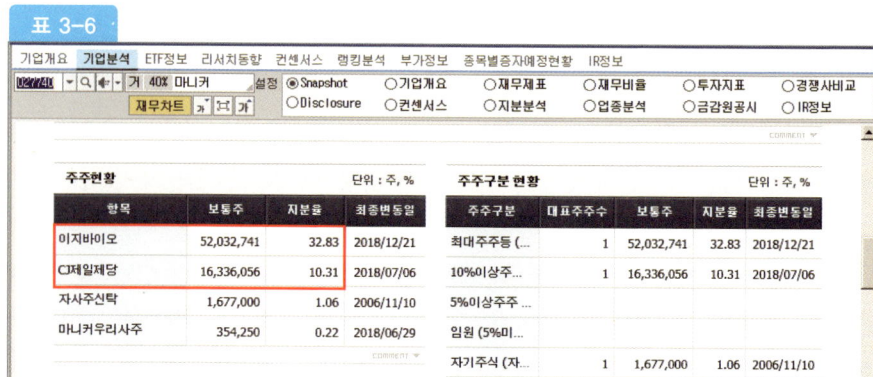

표 3-6

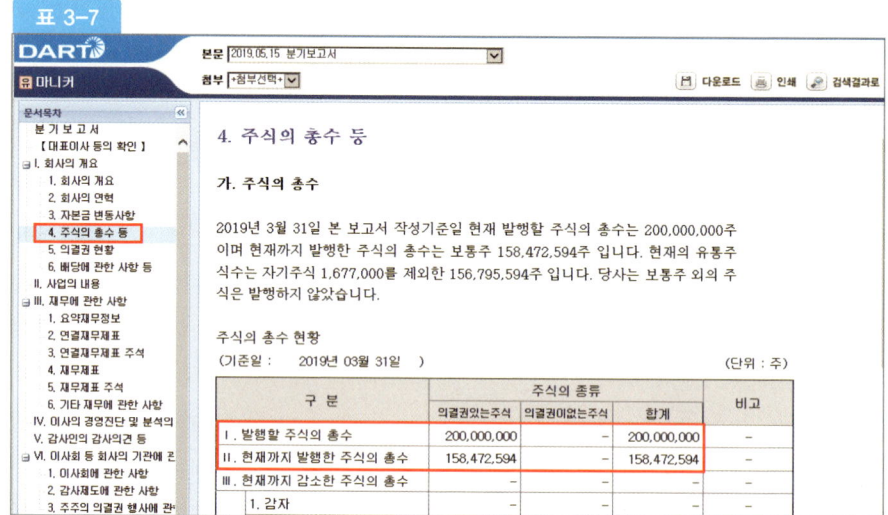

표 3-7

영업이익, 당기순이익, 부채비율, 유보율

주식시장은 많은 위험이 잠재되어 있다. 투자자들은 기업을 직접 방문하지 못한 채 단순히 뉴스나 재료만 보고 매매를 일삼는다.

그러므로 더더욱 기본적이고도 간단한 기업 내용은 살펴야 한다.

매수 후 생각대로 단기에 매도하고 나올 수도 있고, 또 계획했던 것처럼 매도하지 못할 수도 있다. 스윙으로 종목을 보유하더라도 주식은 리스크 관리가 가장 중요하다.

영업이익은 기업이 통상적인 사업 목적을 토대로 벌어들인 돈을 뜻한다. 가령 제과점은 빵을 파는 것이 주 사업 목적이듯이 이 사업 목적에 부합한 영업 활동을 통해 벌어들인 이익이 영업이익으로 분류된다. 반면 당기순이익이라는 것은 사업 목적 이외에 다른 모든 활동, 즉 제과점을 운영하던 주인이 가게에 커피숍을 작게 들이면서 부분 임대를 해주고 월 임대료를 받아서 이익을 냈다면 이 부분이 합산된 모든 이익이다.

이렇게 영업이익과 당기순이익이 차이가 나는 것은 회사 목적과 무관한 사업 부분에서 발생한 손실과 이득 부분이 비용에 같이 처리됐기 때문이다.

매출액이 증가함에 따라 당연히 영업이익도 증가하는 것이 정상적이고도 좋은 성장의 모습이다.

3년 연속 영업 손실이 발생하고 있다면 일단 투자를 하지 않는 것이 바람직하다.

최근 4 사업년도 영업 손실(지주회사는 연결 기준)이면 관리종목에 편입되고, 5 사업년도까지 손실이면 상장 실질 심사를 받게 되는 최악의 경우가 나오게 된다. 기술 성장 기업은 예외이나 무조건 이 부분은 염두에 두는 것이 좋다.

부채 비율은 회사의 부채 총액을 자기 자본액으로 나눈 백분율이다.

부채 비율은 기업 자본 구성의 안전도를 나타내며, 특히 타인 자본 의존도를 표시하는 지표이다.

일반적으로 100% 이하를 표준 비율로 보고 있으나, 30~40% 이하이면 거의 무차입 경영이라고도 한다.

점진적으로 부채 비율은 줄어드는 것이 좋은 경우이다.

하지만 건설회사는 예외적인 경우가 있다. 건설은 대출을 받아서 시공을 하고, 후 분양을 하기 때문이다. 금리가 인하되면 건설주를 수혜주로 보는 경우도 이러한 예이다.

유보율은 영업 활동에서 발생한 이익잉여금과 자본 거래 등 영업 활동이 아닌 특수 거래에서 생긴 이익인 자본 잉여금을 합한 금액을 납입 자본금으로 나눈 비율을 나타낸 지표이다. 사내 유보, 내부 유보율로도 불리는데 기업이 동원할 수 있는 자금 역량을 가늠할 수 있는 지표이다.

일반적으로 우리는 기업의 안전성을 평가할 때, 부채 비율은 낮고 유보비율은 높은 기업일수록 기업의 안전성이 높다고 평가하지만, 단순히 유보율만 가지고 단정적으로 좋다 나쁘다고 평가할 수는 없다. 기업이 유통시킬 수 있는 자금을 새로운 투자나 활용을 잘 하지 않는다고 평가하기도 한다.

표 3-8

IFRS(연결)	2016/12	2017/12	2018/12	2019/12(E)	2018/12	2019/03	2019/06	2019/09(E)
매출액	3,779	5,657	6,087		1,517	1,399	1,464	
영업이익	90	33	357		53	66	98	
당기순이익	-584	-7	287		44	40	63	
지배주주순이익	-561	0	220		29	34	53	
비지배주주순이익	-23	-7	67		15	6	10	
자산총계	7,288	6,332	6,068		6,068	6,116	6,101	
부채총계	4,157	3,208	2,692		2,692	2,873	2,795	
자본총계	3,131	3,124	3,377		3,377	3,243	3,306	
지배주주지분	3,109	3,075	3,261		3,261	3,121	3,175	
비지배주주지분	23	49	116		116	121	131	
자본금	354	354	354		354	354	354	
부채비율	132.75	102.67	79.71		79.71	88.60	84.55	
유보율	778.07	775.95	837.21		837.21	801.23	816.27	
영업이익률	2.39	0.59	5.87		3.52	4.69	6.70	
지배주주순이익률	-14.84	0.00	3.61		1.92	2.43	3.64	

아무리 단기 매매라 하더라도 위의 10분 투자 원칙만 잘 지키며 매매를 한다면 혹시 시장의 급작스러운 변동과 지정학적 리스크 등이 동반된다 하더라도 큰 손실은 피할 수 있다.

04
전자 공시 시스템을 이용한 각종 보고서 활용법

주식매매를 하는 개인이라면 전자 공시 시스템 사이트 정도는 즐겨 찾기 목록에 있을 것이다.

사이트에는 상장된 기업뿐 아니라, 코넥스 시장 기타 법인들의 모든 변동사항과 각종 공시 등 모든 자료들이 수록되어 있다.

하루에도 수없이 쏟아져 나오는 각 기업의 공시 내용과 뉴스들은 놓치고 지나칠 때가 많다. 이 많은 자료 중에 우리가 꼭 챙겨 봐야 할 보고서 몇 가지를 짚고 넘어가 보자.

보고서를 확인하는 방법은 전자 공시 시스템(dart.fss.or.kr/) 사이트에서 종목 검색 후 해당 종목에 대한 여러 공시 가운데 내가 필요한 공시 확인 순으로 찾아보면 된다.

연결재무제표 기준 영업 실적 공시, 감사보고서, 사업보고서, 반기보고서, 분기보고서, 전환사채, 신주인수권부사채, 유상증자 정도는 꼭 확인하자.

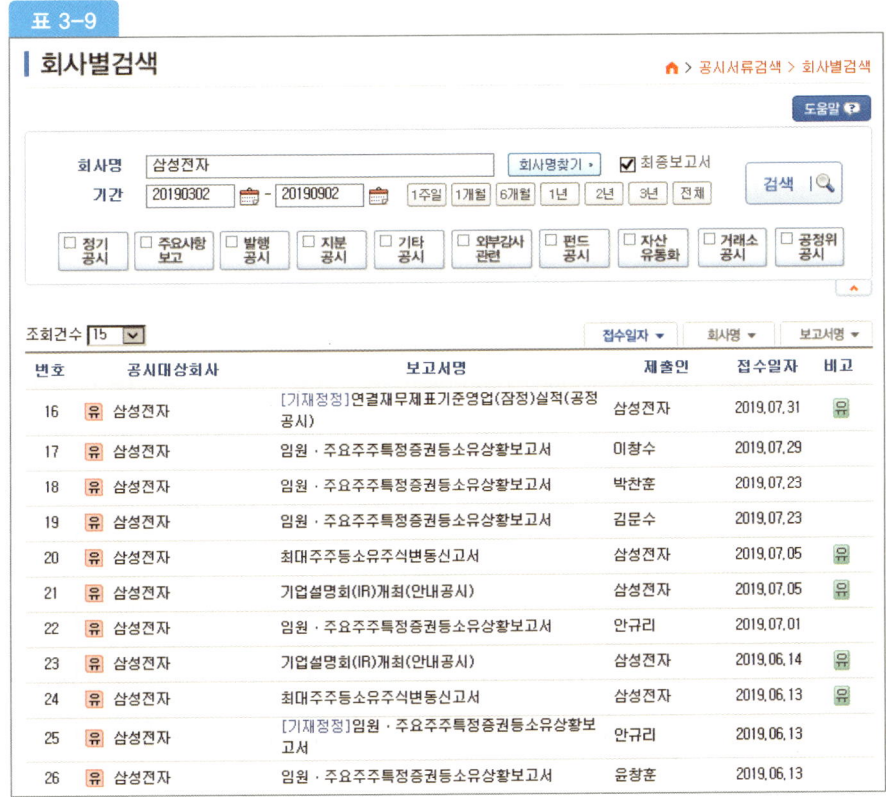

표 3-9

1) 감사보고서

감사보고서는 기업의 자산이나 업무의 진행 상태를 검토하는 것으로 외부 감사로 진행된다. 감사인이 기업의 재무제표가 공정하게 작성되었는지 살펴보고, 이에 대한 정확성 여부를 공인회계사가 객관적으로 검토하여 그 결과에 대한 의견을 제시하는 것을 말한다.

우리나라의 경우 주식시장에 상장된 회사들은 대부분 12월말에 결산을 하게 된다. 결산 후 통상적으로 3월 중에 감사보고서가 나오는 구조이다.

공시 시점

외부 감사인으로부터 감사보고서를 제출 받은 당일에 신고를 해야 한다.
정기주주총회 1주 전까지 공시하여야 하며, 외부 감사인으로부터 감사보고서 수령이 지연된다면 이 또한 기타 주요 경영 사항 자유 공시 서식으로 꼭 공시를 해야 한다.

감사 의견은 총 4가지로 분류되며, 아래와 같이 구분해 볼 수 있다.

적정 의견

감사보고서 제출 이후의 정상적인 의견이다. 재무제표의 모든 항목이나 회계 정책의 작성 등이 기업 회계 기준과 일치하고, 왜곡됨이 없으며, 불확실한 사실이 없을 때의 경우이다. 적정 의견을 받았다고 해서 회사가 건실하고 탄탄하다는 의미와는 별개의 문제이다.

한정 의견

재무제표의 특정 부분이나 회계 처리 방법 중 일부분이 기업 회계 기준에 위배되거나, 감사인이 합리적이고 적합한 감사 증거를 모두 수집하지 못하고 이러한 내용들이 재무제표에 영향을 주었거나 줄 수 있다고 표시되는 경우에 한정 의견으로 표명한다.

부적정 의견

재무제표에 포함된 왜곡된 내용이 전체적인 영향을 끼치며, 한정 의견보다 심각하고 중요한 사안일 때 표명한다.

의견 거절

기업에 있어서 최악의 경우이다. 위 내용들과는 조금 다른 부분이 있는데, 감사보고서를 작성하는데 필요한 증거 자료를 얻지 못했거나, 적절히 감사를 수행할 수 없는 경우, 즉 이 보고서가 맞는지 아닌지의 문제가 아니라, 제대로 쓰였는지 알 수 없고 독립적인 감사 업무를 수행할 수 없는 경우에 표명된다.

2) 사업보고서, 반기보고서, 분기보고서

사업보고서란 증권 발행 회사의 사업 상황, 사업의 내용, 재무 상황, 경영 실적, 기업 내용, 외부 감사의 감사 의견 등을 정기적으로 기록 작성하여 공개함으로써 모든 정보를 투명하게 확인하고, 합리적인 투자 판단 자료로 활용하여 공정한 가격 형성이 이루어지도록 하기 위한 투자자 보호 목적의 제도이다.

이 부분은 금융 감독 용어 사전의 사전적 의미이다.

그런데 왜 저 사전적 의미를 옮기면서 필자는 쓴웃음이 나는 것일까!

그럼에도 개인 투자자들은 매매를 함에 있어 '을'이다. 기업의 심장과도 같은 사업보고서는 꼭 챙겨 봐야 할 부분이다.

사업보고서는 각 기업의 사업년도 말 경과 후 90일 이내에 제출해야 하며, 반기보고서는 결산일 후 60일 안에 제출해야 한다.

분기보고서는 결산일 후 45일 안에 금융위원회와 한국거래소에 제출해야 한다. 항상 사업보고서 시즌이 되면 코스닥 소형주에 투자한 개인들은 긴장을 하게 된다.

만약 기한 안에 보고서를 제출하지 못한다면 기업은 재무제표 상 큰 문제가 발생했을 확률이 높기 때문에 투자에 주의가 필요하다. 그래서 3개년도 이상 적자 기업은 가능하면 매매하지 않도록 권유하는 바이다.

전자 공시 시스템 사이트에 접속해서 종목을 검색한 후 종목을 클릭하고, 공시의 서류 종류를 선택해서 최근의 사업보고서 중 필요한 것을 검색해보자.

표 3-10

각 종목의 사업보고서 및 반기, 분기 사업보고서를 통해 확인을 할 때는 앞서 얘기한 실적과 영업 이익 등을 살펴보면서 전 분기 대비 증감 부분과 전년 동기 대비 증감 여부, 사업의 특성에 따라 계절적 또는 시기적 비수기와 성수기가 있으므로 전 분기도 중요하지만, 전년 동기 대비 같은 시기의 실적 비교도 중요하다.

① 전환사채(CB), 신주인수권부사채(BW) 발행 보고서

사업보고서를 살펴볼 때 가장 중요하게 봐야 할 부분이 있다. 바로 회사의 자금 변동 상황들이다.

사업보고서의 전체 항목이 왼쪽 메뉴에 나오게 되는데. 그중에 자본금 변동 상황이라는 항목이 있다.

그 항목을 클릭해 보면 그 기업의 증자 현황, 감자 현황, 자본금 변동 예정 내용, 전환사채(CB), 신주인수권부사채(BW), 현물출자 등이 나와 있다.

꼭 살펴봐야 할 부분이 유·무상 증자와 사채의 발행 유무이다.

사채라는 것은 말 그대로 빚이 된다. 유상증자는 구 주주나 3자 배정을 통해 증자를 하기 때문에 증자 물량과 시기, 가격 등을 점검해야 하고, 사채가 있는 경우에는 권리를 행사할 수 있는 주식 물량과 행사 가능 시기를 반드시 확인해야 한다.

전환사채나 신주인수권부사채는 추후 행사를 전환할 수 있는 권리로 바뀌어 행사 전환 시 물량 부담과 저가에 받는 권리이므로 기존 구 주주들에게는 부담이 될 수 있고, 더불어 주가의 가치를 떨어뜨리는 절대적인 부정적 요인으로 작용하게 된다.

기업 중에 안정적인 재무 구조를 유지하고 있는 기업들은 추가 자금 조달이 필요 없으며, 또한 필요하더라도 스스로 대체 능력이 가능한 회사들은 무리하게 전환사채나 신주인수권부사채를 발행하지 않는다. 쉽게 생각해서 개인 채무도 돈이 많으면 대출 또는 빚을 질 필요가 없는 것이다. 따라서 과거 기업이 잦은 유상증자나 사채 발행을 해 왔다면 피하는 것이 좋다.

기업은 일을 해서 이윤을 남겨야 한다. 주식회사는 창업자가 자본금을 투자할 수도 있고, 다른 곳에서 자금을 조달할 수도 있다. 전자가 주식이고 후자가 채권 또는 은행 대출이다. 이 두 가지 상품의 특징을 모두 가진 것이 전환사채(CB, Convertible Bond)이다.

가장 중요한 것은 전환 청구 가능 기간이다. 내가 매수한 시기가 전환 청구의 권리를 발휘할 수 있는 시기라면 언제든지 행사가 가능하므로 바로 매물로 나올 가능성이 있다. 지금 당장 그 시기가 아니더라도 조만간 시기가 임박했는지의 여부와 아직 미 발행된 사채가 얼마나 남았는지 기 전환사채와 미 전환사채를 비교할 필요도 있다.

신주인수권부사채(Bond with Warrant, BW)는 장기적인 자금 조달을 위해 발행하는 채권이다.

채권자에게 일정 기간이 경과한 후에 일정한 행사 가격으로 발행 회사의 일정 수에 해당하는 신주를 인수할 수 있는 형태의 권리 사채를 말한다.

전환사채와 마찬가지로 신주인수권행사가능 기간 여부를 판단하고 물량 부담에 주의해야 한다.

② 유상증자 결정 보고서

유상증자는 돈이 필요한 기업이 가장 선호하는 방법이다.

주식을 발행해서 수요자들에게 일정한 가격을 받는 유상증자는 사채나 대출에 비해 장점이 많다.

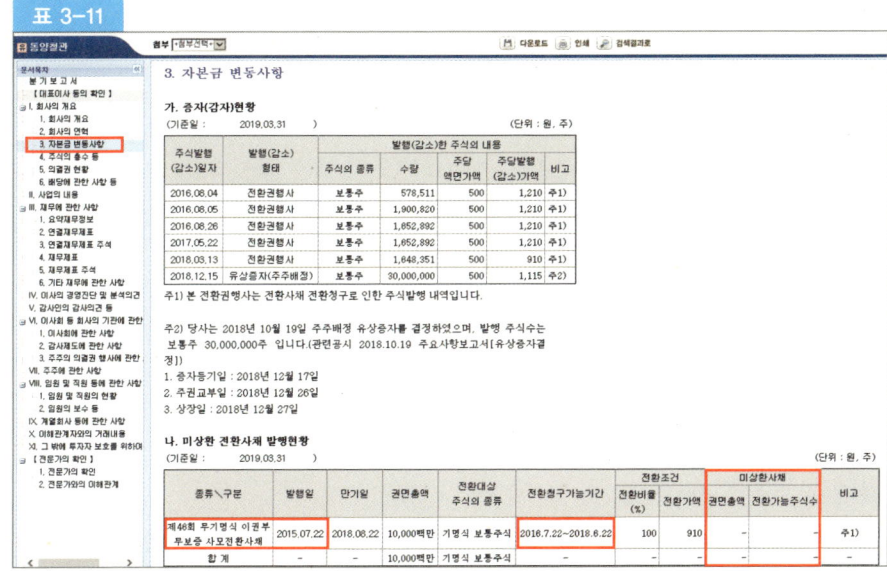

표 3-11

일단 이자 부담이 없다. 그러므로 기업들이 가장 선호하는 자금 조달 방법이다.

물론 증자에도 3가지 방법이 있으며, 그 방법에 따라 주가에 미치는 영향도 조금씩 달라진다.

특히 구 주주 배정의 유상증자는 회사가 필요한 자금에 따라 신주를 발행하고, 구 주주들에게 할인된 가격에 주식을 살 권리를 주는 것인데, 결국 유상증자를 발행하는 회사가 자금이 여유로울 리 없고, 구 주주는 결국 투자한 회사가 어려우니 더 투자를 해서 원금 회복이라도 해볼까 하는 심정으로 유상증자를 받는 경우도 많다.

방법은 3가지 주주 우선 배정 방식, 일반 배정 방식, 제3자 배정 방식으로 구분된다.

주주 우선 배정 방식

신주 발행의 권한을 우선적으로 구 주주들에게 주는 권리이다.

새롭게 발행된 주식을 가장 먼저 인수할 수 있는 권리가 기존 주주에게 생기지만, 일단 주주 배정 유상증자는 주가 하락을 주도하게 되고, 유상증자 가격 또한 최근 주가의 흐름에 따라 결정되므로 할인율에 제한이 없어서 하락하게 된다.

일반 배정 방식

신주인수권을 배제하고 불특정 다수에게 공개적으로 모집을 하는 방식이다.

공모 결과 실권주가 발생하게 되면 주권사인 증권회사가 인수하게 되기도 한다. 기존 주주에게는 전혀 특권이 없으며 할인율은 30%로 제한하고 있다.

제3자 배정방식

기존 주주나 일반인에게 기회를 주지 않고, 특정인인 제3자에게 권한을 주는 방식이다.

회사 대 개인이 돈을 빌려주는 관계로 본다면 아무래도 임원이나 거래처 또는 지주회사 등 연고 관계가 있고, 회사 내부 사정을 잘 알고 있는 특정인이 될 가능성이 크다. 할인율은 10%로 제한적이다.

수익을 원하는 주식투자자라면 기업에 대한 이 정도의 기본적 분석은 하고 매매에 임하는 것이 바람직하다.

05
차트에서 가장 먼저 이것을 확인하라

개인 투자자들에게 차트를 볼 때 가장 먼저 무엇을 확인하는지 가끔 물어본다.

이 책을 읽고 있는 당신은 과연 차트에서 무엇을 가장 먼저 확인하는가? 아니면 자신도 모르게 가장 먼저 눈에 들어오는 것이 무엇인가?

가장 많은 대답이 거래량이다. 거래량은 곧 수급이다. 거래량은 주가의 결정 요인 중에서 아주 중요한 변수 중 하나이다.

거래량, 즉 매수와 매도 수급에 의해 주가가 결정된다.

차트는 기본적으로 캔들, 이동평균선, 현재 주가, 거래량으로 구성되어 있다.

각자가 여러 가지 보조 지표를 세팅하고 차트를 보겠지만, 기본적으로 가장 깔끔한 차트 형태는 다음과 같다.

차트 3-2

위의 기본적 내용들은 모두가 다 중요하지만, 차트를 보면서 가장 먼저 확인할 것은 바로 추세이다.

내일의 주가는 아무도 모른다. 다만 예측을 할 뿐이다. 우리는 상승할 수 있는 종목, 미래에 오를 수 있는 종목들을 여러 가지 상승 확률들 가운데 찾아내고 접근해서 해당 종목을 선택함으로서 성공 확률을 높이는 승률 싸움을 해야 한다.

그러기 위해서는 주가의 추세(Trend), 즉 방향성을 보고 진행 방향을 먼저 확인해야 할 것이다.

투자를 할 때 큰 그림을 보라는 Wall Street의 격언 중에 우리도 흔히 알고 있는 '나무를 보지 말고 숲을 보라'는 속담이 있다.

나무라 함은 개별 종목의 순간순간의 급등락과 차트의 모습이자 일일 변동성이며, 숲은 그 기업의 가치, 또는 전체적인 흐름을 말한다.

거시적인 안목, 글로벌 시장의 흐름, 환율과 주가의 관계, 유가의 흐름, 외국인과 기관의 매매 동향, 각 업종마다 업황의 동향 등을 두루두루 살펴야 큰 숲을 볼 수 있다.

　1997년의 IMF 외환 위기, 2001년 IT 버블의 붕괴 사태, 2008년 리먼 브라더스 사태 등 하루가 편할 날 없이 늘 좋지 않은 일들이 가득한 주식시장, 그리고 한국 경제는 수많은 위기를 지나왔다. 그 당시 집 한두 채 날린 개인 투자자들도 많았고, 금 모으기 운동과 집안에 숨어 있는 외화 모으기에 온 국민이 힘을 합치지 않았던가.
　필자도 1996년 순금 한 돈에 36,500원을 주고 마련했던 것들을 금 모으기 운동에 60,000원에 동참하면서 큰 수익이 났다고 좋아했던 기억이 있다. 지금 현재의 금값과 비교하면 어림없는 얘기지만 말이다.
　나라가 망할 것 같다는 인식이 팽배한 그 역사의 길을 걸으며 우리가 얻은 교훈은 나라가 망하지 않는다면 경제는 성장하게 되어 있다는 것이다.
　다만 그 속도의 차이이고 어느 업종이 더 먼저 급격히 성장하느냐가 바로 큰 숲이다.
　하루하루의 주가 변동에 일희일비하지 말고, 좋은 종목, 추세가 시작되는 종목에 중기 투자를 하는 것이 크고 안정적인 수익을 위한 가장 좋은 투자 원칙이다.
　그러나 개인 투자자들은 그 기다림과의 싸움에서 늘 패배한다. 기본적 분석과 큰 숲을 보기보다는 스윙, 단타, 심지어 스켈핑까지 추구하는 빠른 매매를 원하고 있다.
　그러나 이와 같은 매매에 성공하기 위해서는 기술적 분석 능력이 아주 뛰어나야 한다.
　이제 기술적 분석에 있어 수익을 낼 수 있는 확률을 높이기 위한 원칙에 구체적으로 접근해 보도록 하자.

06

추세를 이용한 차트 분석 방법

앞서 기술적 분석에 있어 차트를 가장 먼저 접할 때 추세를 먼저 봐야 한다고 언급했다.

그렇다면 추세란 무엇인가? 나 스스로에게 반문해 보자. 나는 추세를 그릴 줄 아는가?

오랜 기간 동안 주식투자를 한 매매자들 또한 막연하게 추세를 어림짐작할 뿐 실제 추세를 그리지 못하는 사람들도 많다.

이 책을 통해 기술적 분석의 가장 기초 추세선과 추세대를 그리는 방법을 배워 보도록 하자.

추세란 Trend로, 사전적 의미로는 현상이 일정한 방향으로 나아가는 경향을 말한다.

주가에 있어서는 진행 방향을 말하며, 소위 말하는 '추세 분석'이란 이런 주가의 진행 방향을 분석하는 것이다.

차트의 주가는 뉴턴의 제1 법칙인 '관성의 법칙'과 '회귀의 법칙'이 존재한다.

이 두 가지 추세는 상반된 법칙이라고 할 수 있다.

추세의 반전이 나오기 전까지는 기존의 방향대로 지속되려는 큰 힘과 특성을 우리는 관성의 법칙이라고 한다. 빠른 속도로 달리던 버스가 급정거를 하면 관성에 의해 모든 사람들이 앞으로 튕겨 나가는 것처럼 가려는 방향으로 지속해서 움직이려는 본능을 갖고 있다.

반면 회귀의 법칙은 원위치, 또는 원점으로 돌아가고자 하는 귀속 본능을 얘기한다.

주식 격언 중 '달리는 말에 올라타라'는 분명 관성의 법칙을 두고 한 투자 방법이며, 눌림목이나 저점에서 매매하라는 안정적 매매는 회귀의 법칙을 두고 한 얘기로 보면 된다.

두 가지 법칙 중 어떤 방법이 맞다 틀리다를 논할 수는 없다. 시장의 탄력도 특성에 맞게 매수 세력들이 탄력을 받기도 하지만, 오르면 매도하고 싶은 심리들 때문에 주가 하락은 자연스럽게 나오기 때문이다.

결국 주가의 가장 큰 호재는 하락이며, 가장 큰 악재는 상승인 것이다.

1) 추세의 종류

상승추세선

상승 추세는 매수 세력과 매도 세력의 힘겨루기 가운데 매수 세력의 힘이 더 강해 저점이 지지되면서 주가의 흐름이 우상향 패턴으로 진행되는 것을 말한다.

하락 추세를 마무리하고 상승 추세로 전환되는 초기 단계가 주가 상승에 있어서는 매력적인 구간이다.

이때 점진적인 거래량의 모습이 주가 상승 탄력에 도움이 된다.

상승추세선 긋기

상승추세선은 저점과 저점을 서로 연결하는 것이다.

상승추세선은 이전 저점들을 대략적으로 연결하는 선으로, 오른쪽으로 길게 연장해서 저점끼리 연결하면 그 선이 지지라인이 되면서 상승 추세가 보여진다.

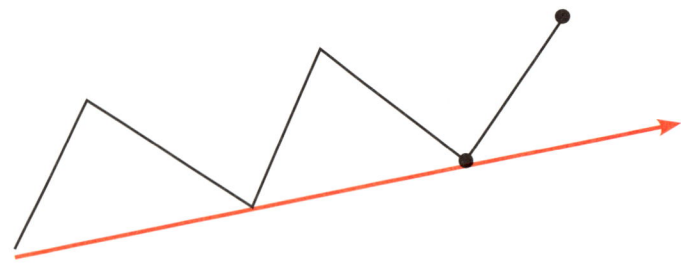

하락추세선

하락 추세는 매수와 매도의 힘겨루기에서 매도 세력이 더 강할 때 나오는 패턴이다.

불안한 심리들이 강해지면서 전고점을 돌파하지 못할 것이라는 생각에 고점이 저항대로 자리잡고 지난 저점을 점점 깨면서 고점들은 강한 저항선으로 자리잡게 된다. 지지선은 하염없이 우하향되면서 하락하는 패턴이다.

하락추세선 긋기

하락추세선은 고점과 고점을 연결하는 선이다.

저항을 돌파하지 못하고 매도 물량의 압력에 고점이 낮아지면서 저점은 하염없이 하락하는 패턴이므로 고점과 고점을 연결해서 오른쪽으로 길게 연장하면 추세선이 완성된다.

수급면에서는 당연히 매도 세력이 강하다. 주가가 반등할 때마다 그동안 하락 시 매도하지 못했던 대기 매도세가 기회를 보고 기다리고 있기 때문이다.

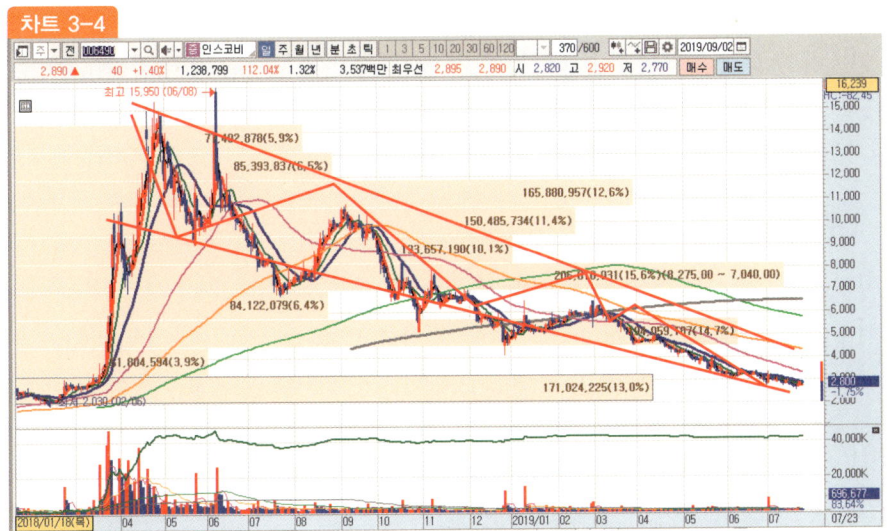

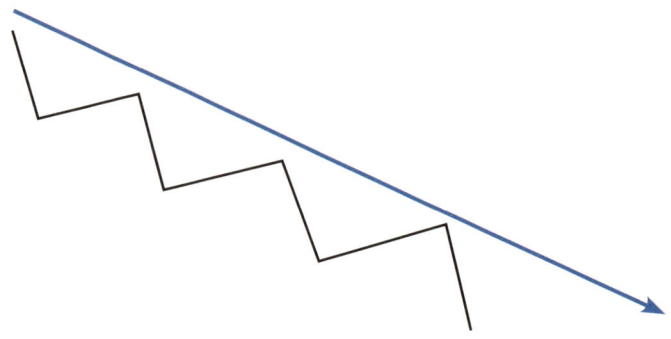

횡보(보합, 박스권) 추세

횡보 추세는 말 그대로 일정한 고점과 저점을 반복하면서 박스권 안에서 상승과 하락을 반복하는 패턴이다.

횡보 추세에서는 매수 세력과 매도 세력이 팽팽하게 힘겨루기를 하면서 수평으로 등락이 반복된다.
추세 하단에는 매수 세력이 대기하고 있지만 상단에 가면 더 이상 주가가 오르지 못할 수 있다는 심리적 부담감으로 대기 매도자들의 물량이 나오는 패턴이다.

횡보(보합, 박스권) 추세 긋기

횡보(보합, 박스권) 추세에는 고점과 저점 중 특별한 의미가 있는 곳이 비슷한 지점에서 저항대로 작용하고 지지대로 작용한다.
고점과 고점끼리 연결하고, 저점과 저점을 오른쪽으로 연결하면 평행선이 나오게 된다.
다소 지루한 움직임이 될 수 있기는 하지만, 박스권 안에서 거래량 흐름을 보면서 매수 매도의 힘을 체크하면 박스권 이후 주가의 방향성이 어디로 움직이는지를 예측해 볼 수 있다.

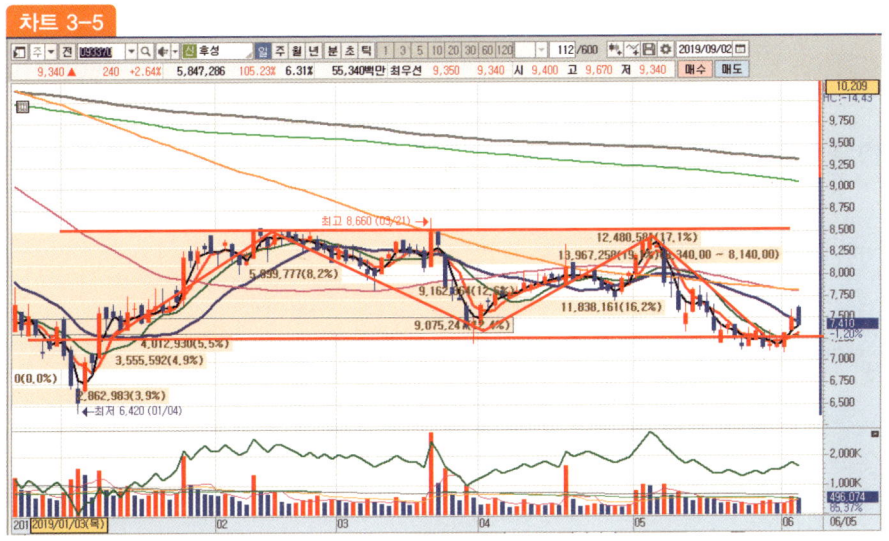

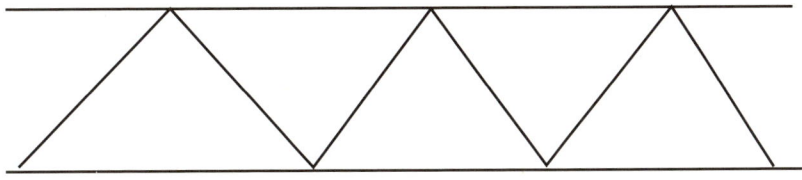

추세대 긋기

이렇게 하락 추세, 상승 추세, 보합 추세에 기준선을 연결해서 하락 추세는 고점과 고점 연결 저항대 설정, 상승 추세는 저점과 저점 연결 지지대 설정, 보합 횡보 추세는 고점과 고점, 저점과 저점 연결로 평행선 완성, 이렇게 그어진 추세선에 추가적으로 하락 추세의 지지대를 설정해 주고, 상승 추세는 저항대를 설정하면 된다. 보합 박스권은 이미 평행선이 만들어져 있는데, 이런 모습이 바로 추세대이다.

추세선을 이용한 매매 급소

차트를 볼 때 가장 먼저 추세를 보라고 했다. 그 이유는 오를 수 있는 종목을 선정 하는데 있어 주가의 흐름을 파악하면서 반복되는 과거 습관적인 사이클 안에서 저항과 지지를 잡아내고, 그에 따른 매매 원칙을 쉽게 세울 수 있기 때문이다.

여기서 가장 중요한 것은 바로 추세 이탈이다.

상승 추세, 하락 추세, 횡보(보합. 박스권) 추세에서 반복적인 지지라인과 저항라인을 지켜내지 못하고, 저점이든 고점을 이탈했을 때 주가의 방향성을 파악해야 하기 때문이다.

이러한 일탈은 분명 거래량이 동반되어야 할 것이다. 그때는 단기적 관점이라면 다음과 같이 대응해야 한다.

표 3-12

추세		
상승 추세	추세 지속형	보유
	추세선(지지선) 이탈형	매도
하락 추세	추세 지속형	저항대에서 매도
	추세선(저항선) 돌파형	매수 또는 보유
횡보(보합, 박스권)	추세 지속형	신규매수 관망/박스권 매매
추 세	추세선(저항선) 돌파형	매수 또는 보유
	추세선(지지선) 이탈형	강력 매도

추세는 차트의 가장 큰 그림이고 방향성이다.

매수를 한다면 먼저 상승 추세가 시작되는 종목에 접근해야 한다.

단기 매매나 스윙의 관점이라면 추세대를 이용한 저점 매수, 고점 매도 패턴으로 매매를 반복할 수 있고, 중기적 관점의 상승 종목이라면 추세의 중요한 지지대 유지의 흐름을 관찰하면서 보유해야 대시세를 맛볼 수 있다.

07
거래량을 이용한 차트 분석 방법

주가에 있어서 거래량보다 중요한 것은 없다.

물론 모든 것이 다 중요하지만, 주가는 수급에 우선한다. 아무리 실적이 좋고 업황이 좋아도 당장 주가를 움직이는 건 수급이다. 많은 매매자들이 관심을 가져주고 매수하고자 한다는 것은 뭔가 곧 좋은 일이 생길 수 있는 신호이기도 하고, 인기가 많다는 건 항상 좋은 것이다.

거래량은 특정 기간 동안 주식이 거래된 양을 말한다. 물론 매수와 매도 둘 다 공존한다.

각 증권사마다 차이가 있고, 개인의 성향에 따라 설정에 차이가 있으나 필자가 권하는 바는 거래량 이전 값을 설정하는 것이다.

주가의 흐름도 그렇지만 거래량도 전일 대비 증가, 감소의 흐름으로 급등락을 예측할 수 있기 때문이다.

캔들이나 이평선, 그밖의 보조 지표들은 모두 과거의 기록을 담아내는 후행성이지만 거래량은 선행성이다. 세력들도 이평선이나 캔들은 속일 수 있지만, 거래량은 있는 그대로 나타나게 되어 있다.

흔히 거래량을 주가의 바로미터라고도 한다. 그만큼 중요한 기준이고, 보통 거래량이 바닥이면 주가 또한 바닥일 때가 많다.

1) 주가 바닥에서는 점진적인 거래량이 매매 원칙이다

거래량을 이용한 가장 쉬운 매매는 상승 시 점진적인 거래량 종목 포착이다.

바닥에서 최근 2주 대비 점진적인 거래량, 즉 평균 거래량의 2~3배 정도의 거래량이 나올 때가 매수 시점이다. 물론 여기에는 이평선, 캔들의 위치도 중요하다. 그러나 가장 먼저 확인할 것은 거래량이다.

주가가 하락한 뒤 추가 하락 없이 거래량이 3~4일 정도 선행된다면 바닥 징후이다. 중장기 투자는 이 시기부터가 관심권으로, 분할 매수로 접근이 가능하다.

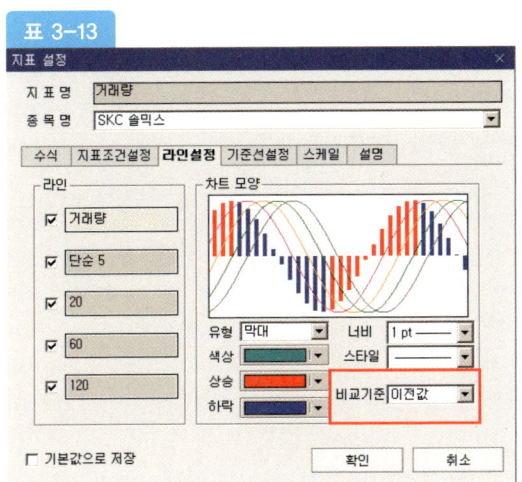

표 3-13

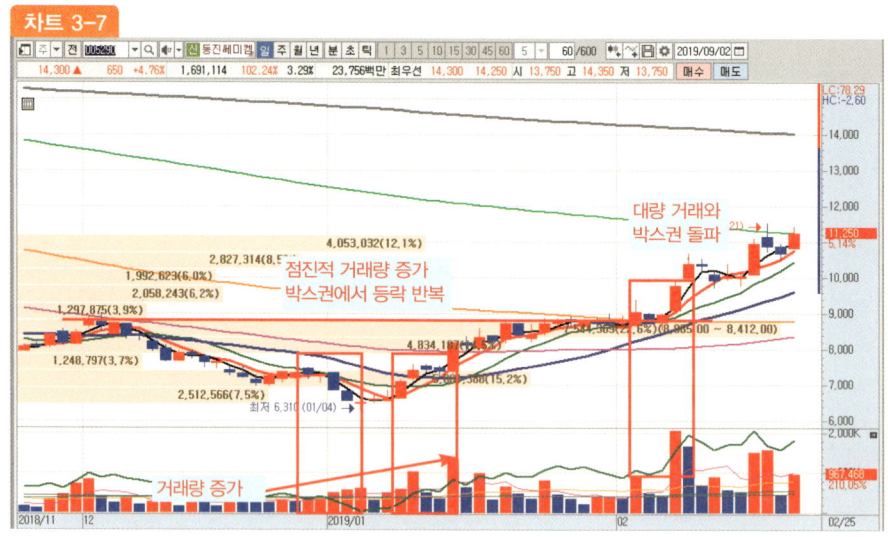

2) 전고점 돌파 시도 시 전고점 대비
거래량에 따른 매매 원칙

주가의 상승을 좌우하는 것은 수급이다.

거래량은 곧 매물대를 의미한다. 위의 차트를 보면 대량 거래가 터지면서 주가 상승 시에 전고점을 돌파하겠다는 강한 의지가 나타나 있다.

박스권에서도 상단 돌파시에는 대량 거래, 즉 최근 박스권에서 발생했던 거래량보다 많은 거래량이 수반돼야 박스권 상단을 돌파하면서 저항라인이였던 박스권 상단이 지지라인으로 바뀔 수 있는 힘이 생긴다.

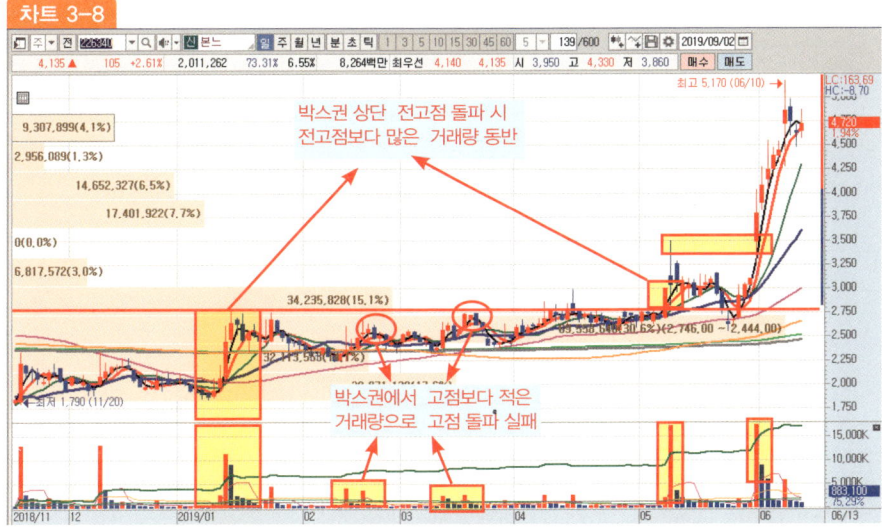

차트 3-8

코스닥 화장품 관련주 본느(226340)는 2019년 1월 전고점 돌파를 시도했지만, 결국 거래량이 11월~12월보다 적은 관계로 돌파 후 다시 11월 박스권 상단까지 되돌림되는 현상이 나온다.

2~3월에 다시 박스권 상단 돌파를 시도하지만 1월 고점보다 거래량이 부족하므로 쉽사리 박스권 돌파를 하지 못하고, 4개월 이상 횡보한 후에 5월에 대량 거래가 나온다.

1월 고점 때 동반된 대량 거래를 돌파하면서 박스권 상단 돌파 흐름이 나오고, 급등 직전 거래량 없이 2주 정도 개인 물량을 뺏은 후, 6월 다시 대량 거래와 함께 갭상승이 나오면서 급등 수순을 밟는다.

아침에 거래량을 가늠해 볼 수 있는 종목으로는 코스피 대형주의 경우 아침 9시 30분 거래량이 5배 정도 되는 것이다.

코스닥 소형주의 경우 변동성이 큰 종목은 9시 30분 거래량이 6~7배 정도면 당일 종가 부분 거래량을 대략 짐작할 수 있다.

단기 매매든 스윙이든 중기든 당일 거래량이 수반돼야 해당 종목에서 급등세가 나올 수 있다.

3) 바닥권에서 평균 2주간 최저점인 종목의 거래량 매수 원칙

거래량은 주가보다 선행하게 되어 있다.

주가 흐름을 타고 몇 개월간 급등했던 종목이 매도 물량 출회 없이 하락했다면 분명 주가는 다시 고점 대비 80% 정도까지는 반등이 나오게 되어 있다.

고점에서 세력들의 매도세가 출회되지 않았다는 것은 둘 중 하나다.

고점보다 더 급등하든지 아니면 최소한 고점 대비 70~80%까지는 상승 탄력이 나오게 되어 있다. 다만 반드시 급등 이후 하락 시 매도 물량이 없어야 한다.

하락 후 거래량 바닥 구간에서 2주간의 평균 거래량을 지켜보고, 최저점 거래량을 나타낸 구간이 있다면 그 이후 거래량과 주가의 흐름을 잘 살펴보도록 하자.

최소 거래량을 찍고 거래량 변화가 증가-감소-증가-증가하는 패턴으로 움직인다면 관심권에 두어야 한다.

가격 변동폭이 크지 않은 구간에서 누군가 조금만 매수에 힘을 실어준다면 주가는 탄력 있는 상승세로 전환될 확률이 높다.

거래량이 바닥을 찍고 다음날 거래량이 증가하는데 주가 변화가 없다면 이는 선도 세력들의 주가 관리라고 해석할 수 있다. 그렇게 되면 다음날은 거래량이 급 감소하게 되고, 주가도 음봉 흐름으로 큰 변화가 없게 된다.

여기서 눈여겨 볼 것은 거래량의 점진적 증가 구간에 주가가 전저점 또는 시가 종가를 한두 호 차이로 비슷한 자리를 만들거나, 주가 일치를 시키면서 시가 관리, 종가 관리, 저점, 고점 관리의 모습으로 적당히 누르고 적당히 받아주고 하는 주가 관리의 뚜렷한 흐름이다.

4) 주가 상승 중 거래량 변화에 따른 매매 원칙

이미 저점에서 매수한 선도 세력들의 움직임을 포착할 수 있는 중요한 구간이다.

저점에서 매수하지 못했다면 급등주는 이 구간이 눌림목이 될 수도 있고, 또 자칫하다 매도 물량 출회가 나오면 긴 시간 급락 후 제자리로 만들어 놓고 몇 달을 횡보할 수도 있다.

바닥권에서 급등이 시작된 후 30~60% 상승하고 나면, 급등주는 대개 쉬어

가는 자리가 나오게 된다. 이 구간이 신규 진입 또는 추가 매수의 자리가 되기도 하는데, 이럴 경우 거래량이 줄면서 주가가 하락하는 것이 일반적인 흐름이다.

여기서 주의할 것은 요즘 개인 투자자들도 차트에 능숙하다 보니 예전에는 이런 눌림목 자리가 20일선이었다면 이제는 60일선 또는 120일선 아니면 상승이 시작됐던 원점의 자리까지 회귀의 법칙을 적용시킨다.

만약 고점에서 단기 매매 트레이딩으로 매수했고, 빠르게 트레이딩 한다면 짧게 바로 손절하는 것이 합당한 매매 전략이다. 분할 매수로 소량 매수한 부분이라면 하락 시마다 추가 매수의 관점이 아니라 **거래량이 줄어들며 하락 패턴에서 속임수 양봉이 최소한 3번 이상 발생되면** 추가 매수로 단가 조절도 가능하다.

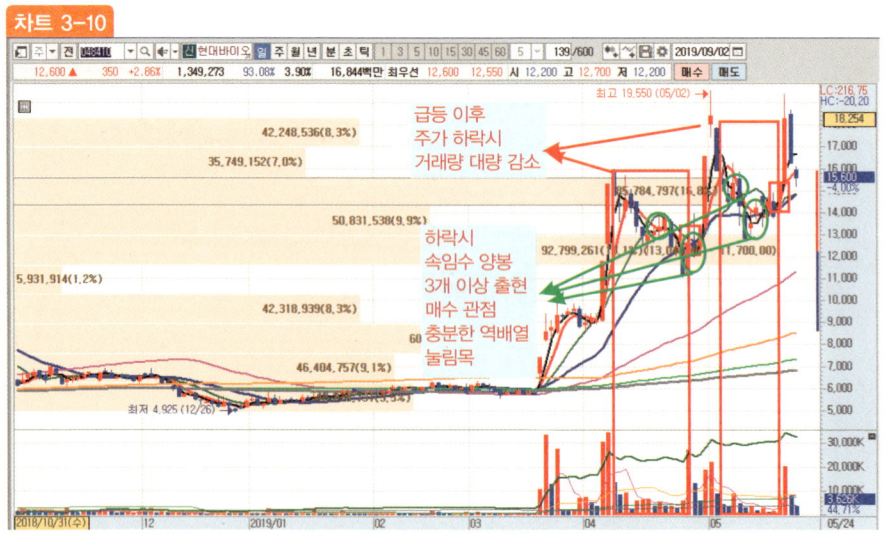

5) 고가권에서의 거래량 변화에 따르는 매매 원칙

저점에서의 거래량 변화도 중요하지만 이는 매수를 위한 전략이고, 주가 상승 후 보유자의 관점 또는 눌림목의 관점 공략 측면에서 본다면 고가권에서의 거래량 변화는 더더욱 중요한 포인트이다.

상승 시 거래량이 증가하면서 급등이 나올 때는 활발한 손바뀜이 이루어지면서 상승한다고 볼 수 있다. 매집의 관점에서 볼 때 하나의 세력이 아닌 여러 팀들이 서로 모르는 상황에서 손바뀜이 이루어지고 그동안 보지 못했던 대량 거래가 속출하게 된다.

이런 급등의 경우엔 추세 이탈되기 전까지는 보유하는 것이 좋다. 그러나 점진적인 추세 상승보다는 위험하므로 반드시 고점에서 매도 타이밍을 잘 잡아야 한다.

반대로 고점에서 이미 주가가 급등하고 난 이후 상승 시의 거래량보다 적은 거래량이 나오면서 횡보 하는 구간이 나오게 된다. 이 시점에서는 주의가 필요하다.

보유자의 관점이라면 고가권에서 장대음봉 출현 시 매도 전략을 세워야 한다.

횡보하면서 기간 조정을 보이고 삼각수렴형을 만들게 되면 주가는 상승이든 하락이든 방향성 모색에 나서게 된다. 여기서 추가적인 상승이 나오려면 횡보 시 거래량보다 더 활발하고 많은 거래가 동반되어야 한다. 만약 기간 조정으로 저점을 낮추고 있다면 일단은 매도하는 전략이 좋다.

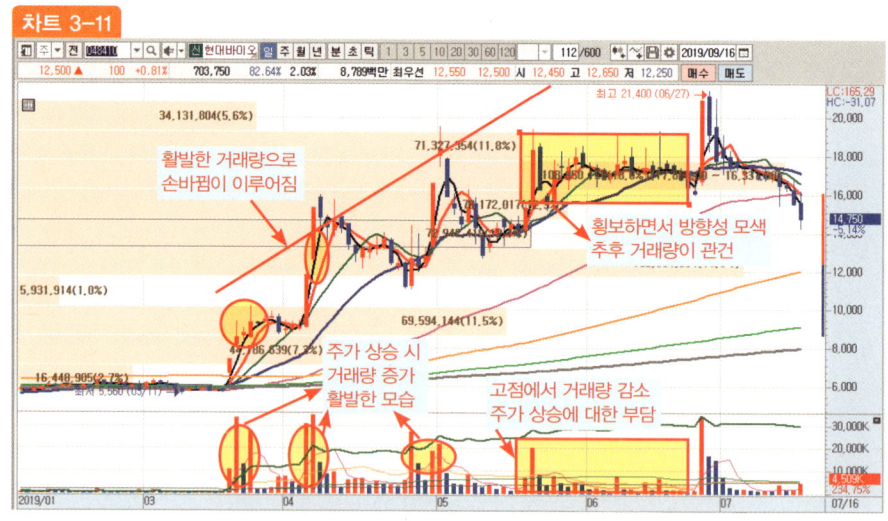

차트 3-11

차트 3-12

08
이동평균선을 이용한 차트 분석 방법

　주식 차트를 구성하는 데는 기본적인 3가지 요소가 있다.
　바로 캔들, 거래량, 이동평균선이다. 앞서 추세와 거래량은 이미 매우 중요한 부분임을 설명했는데, 이동평균선 또한 빼놓을 수 없는 중요한 구성요소 중 하나이다.

　이동평균선 분석을 통해서는 첫 번째 주가의 현재 위치를 파악할 수 있다.
　주식은 싸게 사서 비싸게 파는 것이 목적이다. 그렇다면 현재 가격을 알아야 하고, 현 주가가 적절한 위치인지를 판단해야 하는데, 이동평균선이 바로 기술적인 근거 자료가 될 수 있다.
　또 주가가 무조건 많이 하락했다고 해서 저점이나 매수 관점이 아니며, 반대로 주가가 많이 상승했다고 하더라도 계속 추세가 살아 있다면 고점이라고 생각해서 섣불리 매도하면 안 되는 것이다. 바로 이런 추세, 추이를 이동평균선을 통해 알 수 있다.

이동평균선(이평선)이란 매일매일의 종가를 산술적 평균으로 내어 연결한 선이다.

정해진 일정한 기간 동안의 종가들을 모두 합쳐서 기간으로 나눈 값을 이동평균선 값이라고 하며, 이평선은 과거 자료로부터 현재의 주가 위치를 파악하고, 미래의 주가 예측 또한 가능하게 하는 중요한 지표이다.

즉 5일선은 연속적인 5일 동안의 종가들을 합쳐서 5로 나눈 값이다.

1) 이동평균선의 종류

이동평균선은 보편적으로 5일, 10일, 20일, 60일, 120일 선이 일반적이다. 그 외에도 얼마든지 본인의 관점에 따라 3일, 240일, 360일 등으로 구분할 수 있다.

절대적인 기준은 아니지만 단기적 매매를 하는 트레이더는 3/5/10/20일선을 주로 이용하고, 중기매매 지표로는 60/120/240일선을 중요하게 본다.

① **5일 이동평균선:** 1주일 5 거래일의 종가를 합하여 5로 나눈 값. 단기적 매매의 전략에 사용되며, 단기 생명선, 추세선이라고도 한다. 데이트레이더들의 중요한 지표이다.

② **20일 이동평균선:** 4주 동안의 주가 흐름, 즉 1개월의 흐름이다. 1주일에서 1개월까지의 스윙 및 중·단기 매매 전략에 유용하게 사용된다. 중

기 생명선이라고도 한다.

③ **60일 이동평균선:** 12주, 즉 3개월간의 주가 흐름이다. 1개월에서 3개월 정도의 중기 매매 전략에 유용하게 사용되는 지표이며, 수급선, 실적선이라고도 한다.

모든 기업은 3개월마다 실적 발표를 한다. 이와 동시에 다음 분기 사업계획도 세운다. 시장의 선도 세력들, 특히 중대형주급 우량주 매매를 선호하는 기관과 외국인들의 경우에는 회사의 내재 가치와 실적을 중요시하므로 기업의 실적 발표에 아주 민감하다.
곧 주가가 60일 이동평균선을 이탈 후 바로 회복되지 못한다면 다음 분기 실적을 반드시 점검하고 수급을 체크해야 한다.

④ **120일 이동평균선:** 6개월간의 주가 흐름이다. 3개월 이상 중장기 매매 전략에 사용되며, 보통 120일 이평선은 경기의 흐름을 파악하는데 사용한다.

추세, 거래량, 이동평균선의 흐름, 캔들의 모양을 파악한다면 기술적 분석의 70% 이상은 숙지했다고 봐도 좋다.
이동평균선이 진행하는 방향을 파악하고, 이동평균선을 통해 주가의 흐름과 지지라인, 저항라인을 체크할 수 있으며, 추세를 파악할 수 있다.
주가는 이동평균선과 같은 방향으로 움직이려는 본능이 있다. 관성의 법칙과 회귀의 법칙이 공존하는 가운데 매수와 매도, 어느 쪽으로 힘의 기울기가 치우치느냐에 따라 주가의 방향성이 결정된다.

방향성을 모색하고 상승과 하락을 체크하면 이동평균선은 곧 지지라인과 저항라인으로 자리를 잡는다.

이동평균선이 주가보다 아래에 있으면 강력한 지지라인이 형성되면서 대기 매수세 유입을 부르고, 이동평균선이 주가 위에 있으면 강력한 저항라인으로 상승 시마다 큰 저항대가 되어 매도 물량을 불러오게 된다.

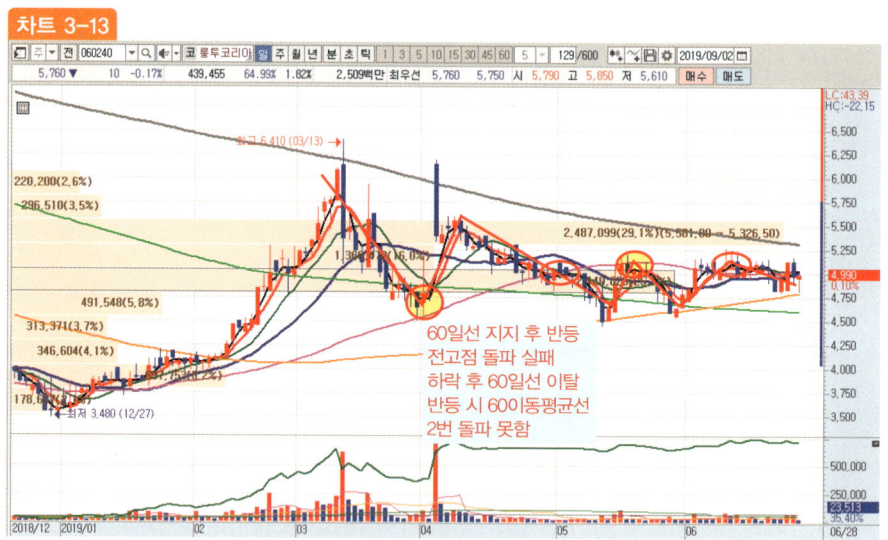

> 저항선으로 작용했던 이동평균선은 추세가 하락 중일 때는 단기 돌파를 하더라도 다시 하향 이탈하는 경우가 많다. 완전한 돌파를 하기 위해서는 거래량이 절대적으로 필요하다.
> 위 종목 차트에서 더더욱 중요한 Point는 하락 시 주가가 전저점을 이탈하지 않고 지지하면서 5월부터 거래량이 점점 증가한다는 것이다. 3월, 4월 장대음봉은 매집의 흔들기 확률일 가능성이 크기 때문에 추후 전고점을 돌파하는 더 큰 급등이 나올 수도 있다.

2) 골든크로스와 데드크로스를 이용한 매매 원칙

① 골든크로스 매수 신호

골든크로스는 정배열(하락하던 이평선이 추세를 멈추고 횡보 흐름이 나올 때 단기이평선이 중기이평선을 상향 돌파하는 시점)이며, 이평선의 종류는 바뀌어도 무방하지만 매매 흐름에 따라 다르게 판단할 수 있다.

3일선 + 10일선

빠른 단기 매매에 유용한 이평선 지표이다. 3일선이 10일선을 상향 돌파하는 골든크로스로 매수 타이밍이다.

다음 차트를 참조하기 바란다.

5일선 + 20일선

3일선 + 10일선보다 좀 더 안정적 매매 구간으로 5일선이 20일선을 상향 돌파하는 골든크로스가 매수 타이밍이다. 골든크로스 발생으로 매수 구간을 포착할 때는 좀 더 안정적인 흐름과 큰 수익을 원한다면 추세가 가장 중요하다.

골든 크로스가 발생한 후 단기 조정을 보이는 경우도 많으므로 발생 시점에서의 중기 이평선 추세가 아주 중요하다. 기본적으로 60이평선이 최소한 바닥에서 우하향을 멈추고 횡보 추세가 나와야 한다. 골든크로스 발생 시 분할 1차 매수에 임하고, 눌림목에서 저점 지지 흐름이 이어지면 추가 매수도 가능하다.

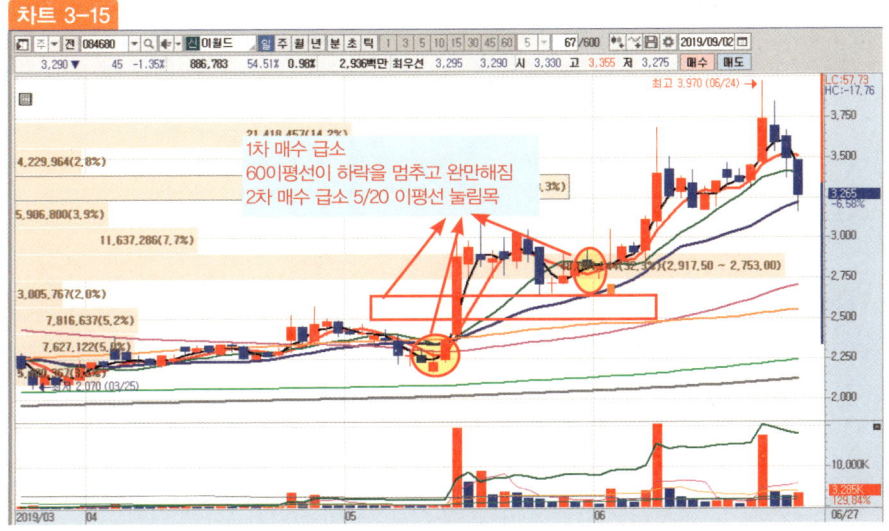

② 데드크로스 매도 신호

데크로스는 역배열(단기이평선이 중기이평선을 아래로 뚫고 하락하는 시점)로, 골든 크로스와는 반대 개념이며, 강력한 매도 시점이다.

기본적으로 5이평선이 20이평선을 하락 이탈할 때가 데드크로스로, 단기 매도 구간이라고는 하지만, 최근 차트의 변동성을 개인들도 많이 파악하고 분석하면서 오히려 일부러 20이평선을 하락 이탈시키고 20이평선 아래에서 주가 반등이 나오는 경우도 아주 많다. 대부분이 그런 모습이기도 하다.

아주 빠른 트레이더의 관점이라면 위 매수 시점과 반대 포지션으로 3이 평선이 10이평선을 하향 이탈할 때 빠르게 1차 매도를 하고, 5 이평선이 20 이평선의 이탈 여부 확인 후 지지가 된다면 홀딩해야 하며, 이탈 시에는 매도해야 한다.

이탈 후 저점을 깨지 않고 일정 하락을 유지하면서 거래량이 점진적으로 증가할 때 다시 재매수하는 것도 아주 좋은 전략이다. (아래 차트 참조)

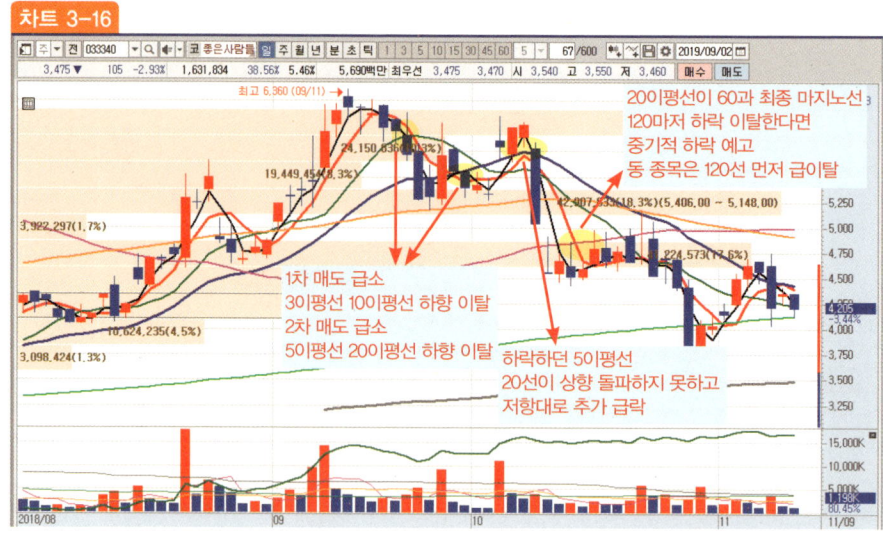

　　데드크로스가 발생하더라도 중기적 관점에서 지지선을 이탈하지 않는다면 오히려 신규 매수를 준비해도 좋다. 그러나 저점 이탈 여부는 아주 중요하며, 60이평선 이탈 후에는 반드시 바로 회복 추세가 나와야 한다. 60이평선을 이탈 후 바로 회복하지 못하면 60이평선의 기울기가 하락 추세로 전환될 수 있으며, 주가는 120이평선까지도 이탈할 수 있다.

　　데드크로스는 어휘대로 본다면 죽음의 십자가이다. 그만큼 주가의 흐름에 있어서 좋지 않은 신호이다.

　　역배열의 흐름은 단기 이평선을 아래로 깔고, 중기 이평선이 누르고 있는 경우이므로 지속적으로 하락 추세를 이어 나가기가 쉽다.

　　물론 역배열의 흐름에서도 단기 매매는 가능하지만, 이는 짧은 지식과 주식 경력, 어설픈 매매로는 수익을 내기 무척 어려운 구간이다. 쉽게 말해 고수들의 영역이며, 상승 추세의 골든크로스 종목이 많고 훨씬 좋은데 굳이 힘든 매매 기법 영역을 택할 필요는 없다.

꼭 알아야 할 이평선의 일반적 법칙들

주가 하락 시 가장 저점 신호, 역배열에서 정배열 전환의 첫 신호는 20일선의 기울기가 좌우한다.	20일선 하락 기울기 멈춤, 횡보
20선 횡보 후 우상향 출현 시 60선의 하락 기울기 집중	60일선 하락 기울기 멈춤, 횡보
주가 우상향 전환 후 120일선이 강력한 저항선 작용	120일선 거래량 동반 돌파
20, 60, 120, 240일선 상승 추세일 때 3, 5, 10일선 하락 시	다시 상승 추세로 전환 가능성이 커짐
20, 60, 120, 240일선 하락 추세일 때 3, 5, 10일선 상승 시	다시 하락 추세로 전환 가능성이 커짐
상승 추세 중 60, 120, 240일선 상승세가 완만해지고 3, 5, 10, 20 단기 이평선 하락 시	상승 추세는 약해지고 하락 전환 가능성이 커짐
하락 추세 중 60, 120, 240일선 하락세가 완만해지고, 3, 5, 10, 20 단기 이평선 상승 시	하락 추세는 약해지고 상승 전환 가능성이 커짐

09
캔들을 이용한 차트 분석 방법

　차트를 구성하는 또 하나의 요소는 캔들이다.
　어쩌면 가장 먼저 기초적으로 알아야 할 부분이 주식의 가격 형성으로 이루어진 캔들일 수 있으나, 필자는 차트에서 가장 먼저 살펴보고 숙지해야 할 추세부터 설명했다.
　개인들은 단순하게 캔들과 이평선에 연연해하는 경우가 정말 많다.
　'하수는 캔들과 이평선을 보고 안절부절못하고 고수는 거래량을 본다'는 말이 있다.
　추세는 큰 그림이다. 차트의 큰 그림을 보고 그 안의 거래량과 이평선, 캔들 등을 하나하나 짚어 나간다면 한 폭의 그림을 평할 때 그 작가가 표현하고자 하는 그림의 주제를 먼저 파악할 수 있다. 그 뒤에 작은 하나하나의 색감과 표현을 보면서 좀 더 자세히 의중을 살펴보면 된다.
　주가 차트도 반드시 큰 그림부터 보자.

캔들은 일정기간 동안 주식의 가격을 나타낸 하나의 봉 형태로 만들어진다.

일봉이라면 캔들 하나는 1일 동안의 변동성으로, 그날의 시가보다 종가가 높게 끝나면 양봉형, 시가보다 종가가 낮게 끝나면 음봉형, 또 시가와 종가가 같은 가격에서 마무리 된다면 십자형 캔들로 표시된다.

십자형 캔들은 매수세와 매도세의 힘겨루기 가운데 팽팽히 맞선 모습으로, 추세 전환의 신호로 볼 수 있다. 저점이라면 상승으로 전환 가능, 고점이라면 하락 추세 전환 가능성의 지표로 생각할 수 있다.

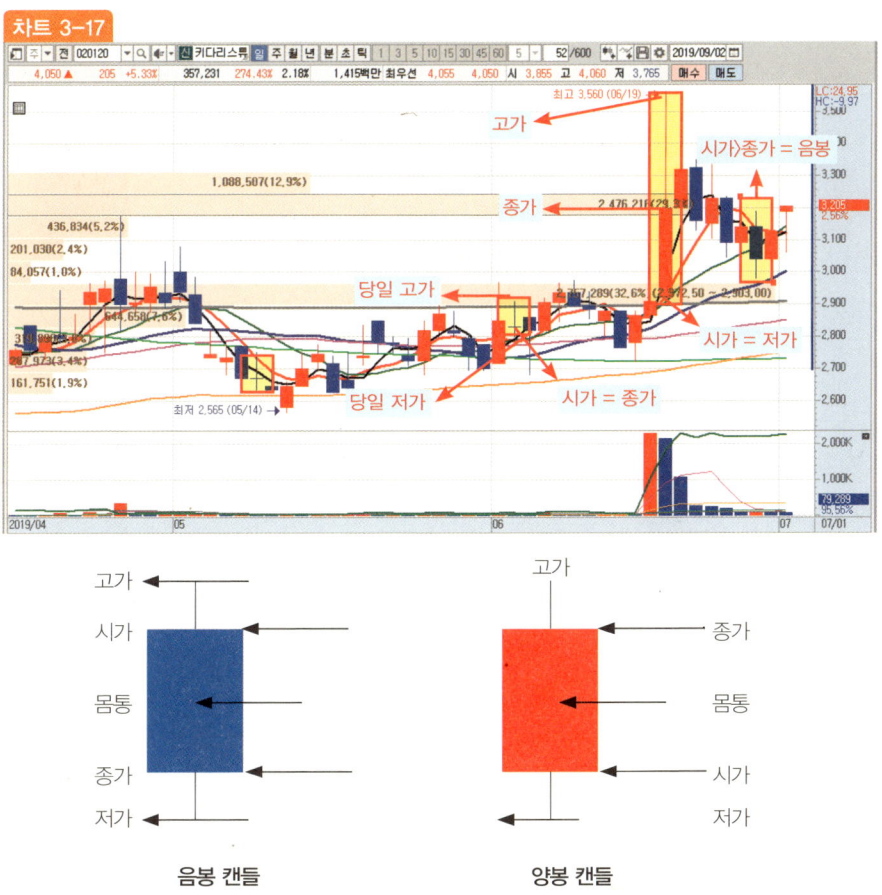

HTS의 캔들 차트를 보면 일/주/월/년/분/초/틱으로 표기된다.

일: 아침 9시 시가부터 3시 30분 종가까지의 변동성 캔들
주: 한주의 시작 날 시가부터 주간 마지막 날 종가까지의 변동성 캔들
월: 월 첫날 시가에서 매월 마지막 날 종가의 변동성을 나타낸 캔들
년: 1월 2일 시가부터 연말까지의 종가를 나타낸 캔들

기본 캔들의 종류

장대양봉

시가를 저가로 시작해서 시작 이후 지속 상승이 나오며, 당일 가장 고점으로 마무리 된 형태이다. 바닥권에서는 관심권, 장대양봉 이후 조정 시 분할 매수 관점으로 보면 된다.

장대음봉

시가를 그날의 최고가로 시작해서 상승하지 못하고 하락세를 보인 후 그날의 가장 저점으로 마무리된 캔들이다. 고점에서의 거래량을 수반한 장대음봉은 강력한 매도 신호이다.

망치형

시가를 이탈하고 장중에 하락한 후 저점을 찍고 다시 반등에 성공하며 시가를 돌파하고, 그날의 고점에 마감한 캔들이다.

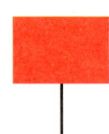

아래꼬리가 몸통의 2배 이상 크기이며 거래량 수반 시 저점 매수세 유입으로 매수 신호이기도 하지만, 저점 매수세는 바로 수익이므로 단기 차익 물량도 출회될 수 있다.

역망치형

망치형과는 반대로 저점에서 시작해서 지속 상승이 나오며, 장중에 고점을 찍고 다시 조정이 나오지만 시가를 깨지 않는 캔들이다. 저점에서는 상승 추세로 전환을 시도하며, 고점에서는 단기 하락 추세로 조정을 암시한다.

교수형

시가를 시작으로 장 시작과 함께 장중 내내 지속적인 하락 이후 저점을 찍고 반등이 나왔으나, 시가를 돌파하지 못하고 음봉으로 마감하는 캔들이다.

발생하는 위치에 따라 해석이 다르지만, 저점에서 발생 시에는 상승 전환 신호이며, 고점 발생 시에는 추세 전환 신호이다.

비석형

시가를 시작으로 장 시작과 함께 장중 내내 지속적인 하락 이후 저점을 찍고 반등이 나왔으나, 시가를 돌파하지 못하고 음봉으로 마감하는 캔들이다.

발생하는 위치에 따라 해석이 다르지만, 저점에서

발생 시에는 상승 전환 신호이며, 고점 발생 시에는 추세 전환 신호이다.

십자형

시가와 종가가 같은 모양의 캔들이다. 장중 변동성 출현으로 고점을 찍고 저점도 형성되지만, 결국 매수와 매도가 팽팽하게 맞서는 형태이다. 저점에서는 상승 추세 전환, 고점에서는 단기 하락 추세 전환의 신호일 가능성이 높다.

차트, 특히 일봉에서 캔들의 흐름을 살펴보면 상승하는 종목은 아래꼬리보다는 윗꼬리 출현이 많다. 저점에서 아래꼬리가 연출되면 저가 매수세의 유입으로 힘이 있어 보이지만, 조금만 반등해도 수익 매도 물량 출회가 가능하다.
윗꼬리는 개인이나 단기 물량을 털어내는 과정으로, 비석형 또는 십자형의 출현이 저점에서 자주 나오면서 거래량이 움직인다면 초기 매집 과정으로 해석할 수 있다.

두 개 이상의 캔들이 조합되면서 패턴을 만들기는 하지만, 단순히 캔들만으로 주가의 흐름을 예측하기는 다소 어려움이 있다. 따라서 거래량과 이동평균선을 같이 보면서 주가의 방향성을 예측할 필요가 있다.

10
데이트레이더를 위한 분봉 분석 방법

전업으로 매매를 하는 투자자들은 거의 매일 매매를 하게 된다.

데이트레이더의 매매는 장세와는 상관없이 포착된 종목을 하루에 몇 번씩도 거래를 하면서 장이 종료될 때면 거의 모든 종목을 현금화시키는 경우가 많다.

만약 추세가 살아 있다면 스윙 전략으로 일주일 미만 정도로 보유하는 것도 큰 수익을 위해 바람직하다.

기본적 분석보다는 기술적 분석에 치우치는 경우가 많지만, 워낙 변동성이 많은 시장이므로 기본적 분석의 베이스 정도는 갖춘 종목을 선정하는 것이 중요하다.

시장에는 수많은 기법들이 소개되어 있고 검색식이며 신호들이 있지만, 모든 기법을 다 섭렵할 수는 없으므로 본인에게 맞는 기법을 한두 개 정도 익혀서 적용하는 것이 좋다.

시장에서 아무리 어떤 테마나 종목이 급등을 하고 움직여도 뇌동매매를 하게 되면 원칙에 벗어나게 되고 매매가 꼬이게 된다. 한번 매매가 꼬이기 시작하면 큰 손실이 따르므로 절대로 뇌동매매나 계획되지 않은 매매는 피해야 한다.

1) 데이매매를 하기 적합한 종목들의 특성

① 거래량이 활발하고 최근 주가 변동폭이 비교적 큰 종목
② 주식 시장의 인기주, 테마주, 대장주 공략
③ 최근 1일~15일 정도 사이의 상한가 종목
④ 최근 2주간 평균거래량 대비 8~10배 정도 거래량이 급증한 종목
⑤ 과거 큰 급등이 나왔던 끼가 있는 종목
⑥ 거래량이 최저점을 찍고 점진적으로 거래량이 상승하고 있는 종목
⑦ 박스권 하단 저점 또는 정배열에서 역배열 전환 후 역배열 말기 종목
⑧ 동전주(1,000원미만), 관리종목, 3개년도 영업이익 적자 종목, 우선주, 스팩, 부실주 제외

차트에서 분봉을 이용한 매매를 할 경우에는 대부분 중장기보다는 단기나 스윙매매가 많다. 차트마다 기본 설정이 되어 있지만, 본인의 매매 스타일에 따라 변경도 가능하다. 그러나 스켈핑의 매매가 아니라면 5분봉 정도면 빠른 매매에 속한다.

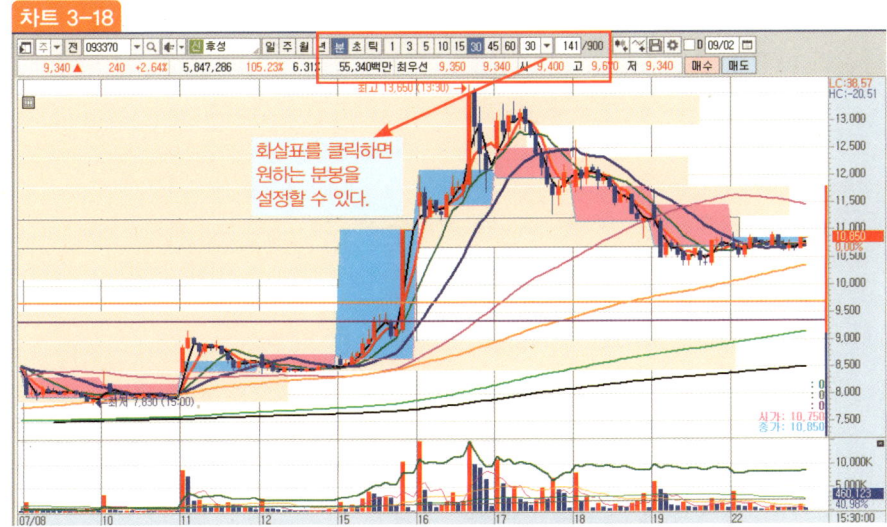

2) 분봉도 지지선과 저항선을 먼저 설정해야 한다

　분봉도 주가의 방향성이 아주 중요하다. 1개월 이상의 중기 관점이라면 분봉보다는 오히려 주봉에 신경을 써야 한다. 하지만 단기 및 스윙의 관점이라면 분봉은 저점 매수와 고점 매도의 순간을 결정하는 중요한 지표이다.
　먼저 데이트레이더나 스윙매매는 종목 선정이 가장 중요하다. 급등주든 바닥권에서 상승이 시작된 종목이든 상승 추세를 확인한 후의 눌림목 매수가 가장 안정적 매매 원칙이다.
　일봉에서 종목을 선정한 후 분봉에서 지지라인과 저항라인을 먼저 결정한다.
　앞서 배운대로 추세를 설정하게 되면 분봉에서도 상승 추세와 하락 추세, 횡보 추세가 나오게 된다.

일봉에서는 좋아 보였는데 분봉에서 하락 추세의 흐름이라면 그 종목은 과감히 버릴 필요가 있다. 다만 지지선의 모습이 지켜진다면 예외이다.

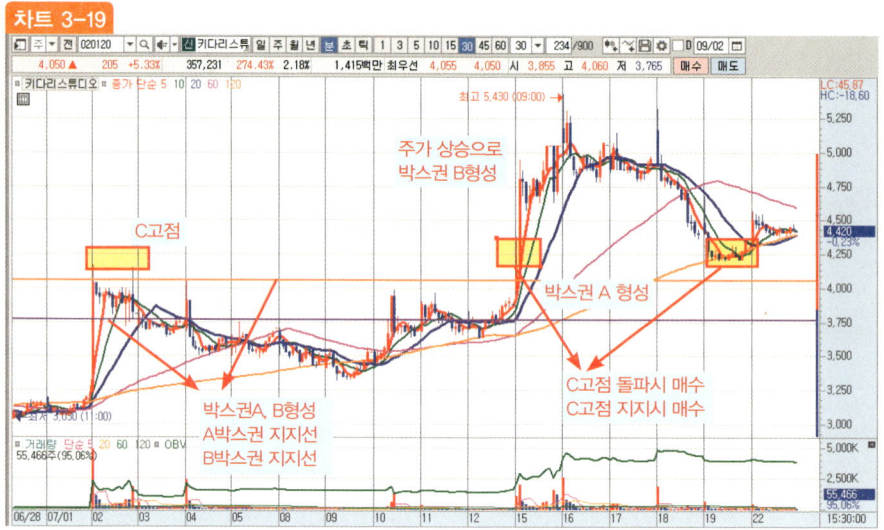

3) 30분봉을 이용한 매매 원칙

스윙매매의 관점에서 30분봉은 아주 중요한 분기점이다.

스윙매매는 1일에서 주로 3~5일 정도의 매매 관점으로 주가의 추세가 깨지지 않는다면 보유하는 것이 좋다. 일봉의 흐름에서 완만한 상승시엔 10일선 기준 매매, 급등주에선 5일선 기준 매매를 겸하는 것이 좋은 전략이다.

일봉의 관점에서 파동에 의해 급등락을 반복하는 종목은 특히나 30분봉에서 스윙매매의 관점으로 저점을 잡기가 아주 용이하다.

역배열로 하락하던 30분봉이 역배열의 이격이 좁아지면서 바닥에서 점진적인 거래량이 평소보다 2~3배 정도 출현하게 된다.

30분봉의 가장 큰 장점은 저점 공략이 가능하고, 급등 매수 급소를 포착할 수 있다는 것이다. 역배열 마지막 구간에서 대체로 매수 급소가 나타난다.

하단에서 5분 변곡점과 거래량 증가 정배열 전환 시점은 매수 급소가 된다. 이때 이평선이 아래와 같이 모여 있다면 한번에 돌파하고자 하는 힘이 실리게 되고 거래량이 수반된다.

지지라인은 첫 변곡점이 나오는 저점을 반드시 체크해야 한다. 이때 상단에 자리잡고 있던 60분선은 하락하고, 주가가 60분선을 차례로 상향 돌파하면서 120분선도 상향 돌파하게 되면 거래량이 수반되면서 주가는 박스권 상단을 돌파하는 힘을 갖게 된다.

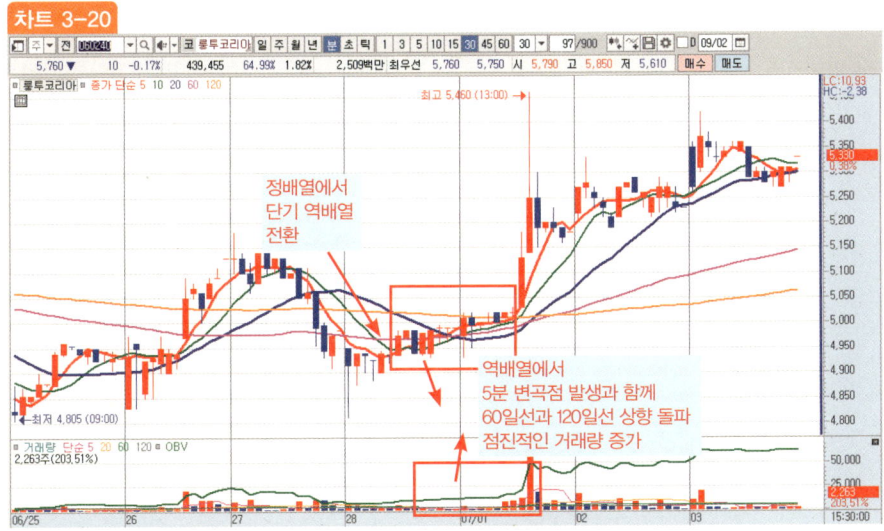

스윙매매 관점에서 30분봉의 20분선은 생명선과도 같다.

20분선을 크게 이탈하지 않고 파동에 의해 움직인다면 홀딩이 가능하고, 트레이딩 관점으로 추세만 깨지지 않는다면 30분봉에서 5분 변곡점 매수와 20분 눌림목 파동매매를 반복해도 좋은 매매 원칙이다.

4) 5분봉과 10분봉을 이용한 매매 원칙

단타나 스윙매매, 특히 당일 데이매매를 즐기는 투자자들은 1분봉과 2분봉을 보는 경우도 많다. 스켈퍼들은 초차트를 보기도 하고, 필자는 예전 처음 주식을 접할 때 틱차트를 보기도 했다.

그러나 데이트레이더에게 있어 5분봉은 아주 중요한 차트로, 5분봉을 통해 주가 흐름의 추세를 반드시 체크해야 한다.

아침 저점 또는 갭상승을 했다면 갭구간을 잘 지지하는지의 여부, 스윙이라면 전일 저점 등의 지지 여부를 반드시 살펴야 큰 리스크를 피할 수 있다.

물론 일봉에서 매수의 구간이 와야 하는 것은 기본이다.

5분봉 흐름상 2중바닥 또는 3중바닥을 만든 후 전저점 지지 흐름이 출현되면서 5분변곡점 또는 3분선과 10분선의 골든크로스가 출현하면 매수가 가능하다.

거래량의 점진적 증가는 꼭 필요한 조건이며, 이후 5분선과 20분선의 골든크로스가 이어지면 매수 성공이다.

20분선 눌림목 파동은 나올 수 있으며, 크게 20분선을 대량 거래와 함께 이탈하지 않으면 지속 홀딩하면서 추세를 살펴야 한다.

위 5분봉에서도 일봉과 마찬가지 윗꼬리 또는 장대음봉, 대량 거래 동반 시엔 올매도가 원칙이다. 기간 조정을 보이면서 횡보해도 매수세가 동반되지 않으므로 60분선을 수렴시키고 삼각 수렴형에서 하락이 출현된다.

이처럼 분봉 또는 일봉이나 저항선, 지지선으로, 이평선과 거래량, 전고점, 전저점, 갭 구간 등등 현재 주가 부근의 의미 있는 가격들을 반드시 체크할 필요가 있다.

11
스윙, 단기 매매를 위한 일봉 분석 방법

본인의 매매스타일에 따라 주력으로 보는 기간 차트가 있긴 하나 일봉 차트는 주식을 하는 투자자의 입장에서는 꼭 체크해야 할 기본 지표이다.

일봉 차트를 보는 기본 원칙은 월봉이나 주봉 분봉에도 모두 일맥상통 하게 적용된다.

거래량과 추세, 이평선과 캔들 등 기본 매매원칙을 꼭 익힌다면 데이매 매 스윙 중기 장기까지도 유용하게 수익을 내는 기본서가 될 수 있다.

1) 3중바닥 및 다중바닥 매매 원칙

주가가 박스권 흐름을 보이면서 일정한 고점과 저점을 저항 또는 지지 를 받으며 후반부로 접어들면서 거래량이 증가한다면 박스권 상단 고점을 돌파할 확률이 크다.

또한 저점에서도 박스권 하단의 지지 흐름과 함께 두 번째, 세 번째 저점이 전저점보다 조금씩 높아지거나, 첫 저점을 지지해준다면 매수 관점이다.

거래량이 증가한다면 더더욱 주가 상승에 근접하고 있는 것으로 볼 수 있다.

2) 상승 추세에 따른 20일선 눌림목 매매

주가의 움직임에 있어 추세는 아주 중요한 지표이며, 가장 먼저 큰 그림으로 봐야 하는 것이 포인트이다. 물론 하락 추세도 파동에 의해 수익을 내는 매매를 할 수 있으나, 하락 추세 종목은 주가의 흐름에 있어서 하락 기운이 강하므로 수익보다는 손실이 커질 확률이 높고, 상승 추세는 주가의 상승 흐름이 더 강하므로 이왕이면 상승 추세 종목을 공략하자.

앞서 주가는 관성의 법칙과 회귀의 법칙이 있다고 설명했다.

상승 추세의 눌림목 매매는 회귀의 법칙에 의해 움직이는 현상이다. 하락하던 종목이 하락을 멈추고 바닥에서 횡보 후 우상향으로 접어들게 되면, 주가는 파도의 밀물과 썰물처럼 거래량에 의해, 또는 매수, 매도 세력에 의해 등락을 반복한다.

단기이평선의 정배열에서 5일선이 꺾이면서 20일선과의 눌림목 또는 20일선을 살짝 이탈한 종목은 20일선을 이탈한 후 바로 회복 흐름이 이어져야 하며, 5일선이 급락했으므로 4~5일 안에 5일선이 다시 우상향으로 전환되면서 20일선을 회복해 주는 모습이 되어야 한다. 이때도 전저점 지지는 필수이다.

12
중장기 대시세를 위한 주봉 분석 방법

　데이트레이더나 전업이 아닌 직장인 또는 손이 느린 어르신, 장중에 빠르게 대응이 안 되는 매매자들은 좋은 종목에 중기 투자하는 것이 바람직하다.
　일희일비하지 말고 장중 주가 변동성에 심리가 흔들리지 않을 수 있도록 하루하루 순간순간의 주가에 민감하지 않도록 한다. 그러기 위해서는 주봉의 저점을 매수 포인트로 포착하는 것이 필수 원칙이다.
　중장기 관점에서 주봉의 가장 최저점은 60주선이 아주 중요한 대시세 기준 역할을 한다.

최저점 포착 매수 포인트는 다음과 같다.

① 주가 하락 추세 이후 20주선이 하락을 멈추고 횡보하는 경우
② 전저점 지지 + 주가가 5주선 변곡점 + 점진적 거래량 증가

아래 종목과 같이 고점 7,000원대에서 주가가 급락하며 완전한 역배열인 주가는 하향 추세를 만든다. 지속적으로 하락하는 20주선을 돌파하지 못하고 저항대에서 밀리다가 바닥의 대량 거래와 윗꼬리가 출현된 후 시장에서 주목을 받는다.

그 이후 20주선의 하락이 멈춰지고 다시 20주선 돌파를 시도하지만 거래량 부족으로 돌파하지 못하고 하락한다.

여기서 다시 저점 지지를 확인해야 한다. 저점 지지와 점진적인 거래량 증가를 동반한 5주선 변곡점 시 매수 구간이다.

1) 5/20주선 골든크로스 시 2차 매수

2) 주봉 상 박스권 상단 거래량 수반과 함께 돌파 시 강력 홀딩

주봉 상으로 최근 몇 개월간의 신고가 거래량 동반과 의미 있는 전고점 또는 박스권 돌파 시 테마나 재료에 맞물리면 급등 대시세가 연출된다.

① 급등주 또는 단기 상승 후 주가 하락 후 60주선 지지
② 60주선 이탈 후 20주선과 60주선의 이격도가 크지 않고 점점 좁아지면 매수
③ 주가가 5주선, 20주선, 60주선을 상향 돌파하면 주가는 하락 추세에서

완전한 상승 추세 전환

④ 거래량 동반 필수

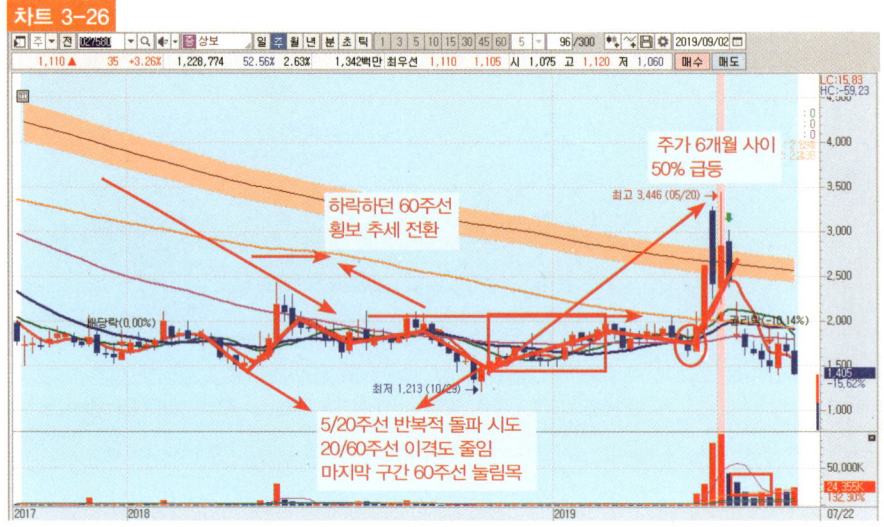

　주봉을 기준으로 매매할 때는 중기 관점 이상의 매매이므로, 앞서 공부한 기본적 분석의 내용에 더더욱 충실할 필요가 있다.
　대시세 급등은 중대형주보다 중형주 이하에서 매집 차트의 모습을 갖춘 세력주가 더 시세가 강하긴 하지만, 종목에 대한 리스크와 일봉에서의 손절가라든지, 심리적으로 버티기 힘든 가격대까지 하락을 시키기도 한다.
　그러나 주봉으로 저점을 보며 매매하면서 일봉상의 대량 매도 물량만 체크한다면 심리로 인해 저가에 손절하는 최악의 매매는 하지 않게 된다.
　중기 관점 매매는 철저히 기본에 충실한 분석을 하고, 이왕이면 연말 또는 연초 사업보고서 감사 의견 시즌에는 피하는 것도 좋다.

13

심리를 이용한 호가창 분석 방법

데이매매를 하거나 스켈핑을 하는 전업투자자들은 호가창이 아주 중요한 신호이기도 하다.

스켈핑은 가격을 정하지 않고 시장가로 매도하는 경우가 많다.

매도하는 물량이 순간순간 많이 출회한다는 건 급하게 매도하고자 하는 물량이 많다는 것이다. 그렇게 빠르게 매도를 해야 하고, 순간적으로 빠르게 매매해야 조금이라도 더 비싼 가격에 매도할 수 있다.

매수는 그 반대의 경우이다. 사고자 하는 심리가 많다면 비싸도 앞다투어 매수하려고 할 것이다. 그와 같은 경우에는 조금이라도 빨리 매수해야 싼 가격에 매수할 수 있다.

이런 심리를 이용한 매매가 역상 호가창 매매이다.

좀 더 깊게 생각해서 좋은 종목, 당장 급등할 종목이 있다고 생각해보자. 과연 그 종목을 매수 호가에 줄을 서서 살 것인가? 아마 당장 사고 싶어 안달이 날 것이다.

그런 상승 종목은 절대 매수 호가창에 줄을 서고 대기하지 않는다. 매도도 마찬가지이다. 당장 악재가 나올 것처럼 안 좋은 종목이라면 앞다투어 매도하고자 하지 누가 줄을 서서 팔릴 때까지 기다려 줄 것인가.

주식시장은 번호표 받아서 줄서는 소문난 맛집 식당이 아니다.

가끔 이해가 안가는 호가창의 모습들을 아주 간단하게 공부해 보도록 하자.

1) 역상 호가창: 매도가 매수를 압도하는 호가창의 가장 좋은 예

역상(逆上)이란 단어가 거슬러 올라감을 뜻하듯 역상 호가창은 아래에서부터 거슬러 올라가는 힘을 얘기한다. 아래와 같이 매도 호가의 합이 매수 호가의 합보다 많은 호가창을 말한다.

주문 호가창에는 매도 물량의 합계와 매수의 합이 있다.

통상적으로 매수 물량이 많으면 좋은 종목이니 사고자 하는 사람이 많은 것이라 생각한다. 반대로 매도 물량이 많으면 뭔가 종목이 좋지 않아서 팔고자 하는 사람이 많은 게 아닌가 생각하기 쉽다.

그러나 장중에 상승하는 종목들을 클릭해서 한번 살펴보자.

상승하는 종목 10개 중 9.5개는 역상 호가창이다.

이상적인 역상 호가는 매수보다 매도가 3배 이상 많은 호가창이다.

기술적 흐름이 좋고, 테마주의 대장주나 주도주라면 더더욱 좋은 호가창이다. 역상 호가창은 한두 시간 후 급등의 흐름이 나오기 쉽고 거래량이 폭증하기 쉽다. 단타 매매 시에도 역상 호가창이 이상적이다.

표 3-14

잔량			
3,640 ▲	30	+0.83%	5,082,789 26.27%
잔량	3,645	3,640	18,495 14.15%
17,015	+2.22%	3,690	KOSPI
22,212	+2.08%	3,685	3,580 시
26,199	+1.94%	3,680	3,705 고
9,298	+1.80%	3,675	3,565 저
6,058	매도합 +1.66%	3,670	3,610 기준
18,577	+1.52%	3,665	4,690 상
20,238	+1.39%	3,660	2,530 하
8,993	+1.25%	3,655	11 비용
54,179	+1.11%	3,650	정적VI발동예상 상승가 3,940
11,192	+0.97%	3,645	하락가 3,220
3,640	1	3,640	+0.83%	10,853
3,640	247	3,635	+0.69%	1,490
3,640	10	3,630	+0.55%	23,835
3,640	1	3,625	+0.42%	5,674
3,640	50	3,620	+0.28%	27,031
3,640	50	3,615	+0.14%	11,810
3,640	75	3,610	매수합	15,447
3,640	1	3,605	-0.14%	8,204
3,640	1	3,600	-0.28%	19,770
3,640	300	3,595	-0.42%	23,596
193,961		16:00:00		147,710
46,513		시간외		

2) 1주, 11주, 18주, 4주씩 체결되는 경우

　이와 같은 경우는 개인들이 가장 궁금해 하는 경우일 것이다.
　장중 호가창을 보면 매수 매도 물량이 1주, 11주, 18주, 4주 등 특정 물량으로 일정하게 주문 체결이 되는 경우를 종종 보게 된다.
　세력들이 이런 장난을 치는 게 아니냐는 질문이 아주 많은데, 실질적으로 이런 주문은 개인의 답답함이 표현되는 것이다.

표 3-15

잔량		994 ▲	2	+0.20%	734,941	27.80%
		994		993	725	1.12%
2,002	+2.32%		1,015	KOSPI		투
24,675	+1.81%		1,010	990 시		거
17,439	+1.31%		1,005	994 고		외
9,074	+0.81%		1,000	975 저		일
4,177	+0.71%		999	992 기준		차
2,024	+0.60%		998	1,285 상		
5,335	+0.50%		997	695 하		뉴
7,536	+0.40%		996	3 비용		
3,282	+0.30%		995	정적VI발동예상		권
10,078	+0.20%		994	상승가	1,090	기
				하락가	891	
994	1		993	+0.10%	576	
994	1		992	0%	5,050	
994	1		991	-0.10%	6,763	
994	1		990	-0.20%	20,604	
994	1		989	-0.30%	244	
994	1		988	-0.40%	10,410	
994	1		987	-0.50%	3,814	
994	116		986	-0.60%	13,700	
994	1		985	-0.71%	4,024	
994	1		984	-0.81%	9,780	
85,622			16:00:00		74,965	
24			시간외			

　재미있는 표현 중에 그야말로 화가 나고 답답한 심정일 때는 '18, 18'을, 매수하라는 신호로는 '444'가 있다.

　1, 1, 1 또는 11, 11 그야말로 시선 집중 또는 기술적 흐름이 차이 나는 경우 이런 현상이 발생한다. 마이너스 권에서 1주 매수가 됨으로 플러스권 전환이거나, 아니면 양봉 발생 또는 관심 종목창에 거래량이 계속 유입되는 것처럼 신경이 쓰이고 한번 클릭하게 된다.

　이럴 때 고맙게도 5,000주, 10,000주 이상 대량 물량이 들어오면 수급의 유입이지만, 이럴 경우 대부분 대량 매도 물량, 실망 물량이 출회되는 경우가 더 많다.

　때로는 자본금이 적은 세력의 매집 종목이 개인의 매물들을 받기 위해 이런 매매를 하기도 하지만 그리 잦지는 않다. 이런 매매 체결이 나온다면 당분간은 관망하는 것이 좋다.

3) 매도 호가 중 특정 호가에만 과도하게 물량이 쌓인 경우

데이 매매나 단타 매매를 할 경우 아니면 그날 보유 종목이 갑자기 급등해서 당일 매도를 하고자 하는 경우에 대다수의 매매자들은 호가창을 보면서 매도 가격을 결정하고자 한다.

호가창을 보다 보면 어떤 특정 호가창이 다른 호가창에 비해 매도 물량이 10배 이상 쌓여 있는 경우를 보게 된다.

표 3-16

즉 위와 같이 보통 평균 호가창에 1,000~2,000주의 물량이 쌓여 있는데, 어떤 가격대에만 특별히 10,000주, 20,000주 쌓여 있는 경우를 보게 되는 것이다.

대부분 이렇게 되면 그 가격대까지 상승하기 어렵다고 생각하고 한두 호가 아래 매도를 걸어둔다. 그런데 꼭 그 가격대 부근에서 공방을 벌이다 그 이상 상승하는 경우가 나오게 된다. 이런 흐름은 선취매 세력들의 의도가 숨어 있다고 볼 수 있다.

이미 누군가 그 이상의 물량을 보유하고 있기 때문에 매도 주문을 걸어둘 수 있는 것이고 진정 매도를 하고자 한다면 매도하기 어려운 가격대에 물량에 쌓아둘 필요가 없다.

이런 경우 대부분 특정 과한 매도 물량 가격대까지 주가는 급등하게 되어 있다. 그 이후 조정이 나온다.

호가창을 볼 때 단타 접근이라면 역상 호가창에서 3~6%대 이상에 과도한 매도 물량이 쌓여 있고, 체결 강도가 100 이상을 보인다면 단타로 공격적인 매수를 해도 좋다.

과도한 매도 물량이 소진되면 조정이 나오고, 조정 이후 상승이든 하락이든 방향을 다시 결정하게 된다.

대신 이런 호가창 매매는 빠른 매매를 요하므로 장중에 꼭 자리를 지키고 집중해서 살펴야 한다.

Part 4.

대시세 급등주의 저점 매수 원칙

투자는 IQ와 통찰력, 또는 기법의 문제가 아니다.
단지 원칙과 태도의 문제다.
_벤저민 그레이엄

주식투자를 하는 이유와 목표는 수익이다. 수익을 내기 위해서는 방법을 알아야 하고, 그에 따른 원칙을 지켜야 한다. 매매의 원칙은 저점 매수, 고점 매도이다. 급등주의 정의를 내려 보면 거래량이 실리면서 주가에 탄력이 붙고, 단기간에 바닥권에서 100% 이상 급등하는 종목을 말한다. 주식투자를 하는 사람 누구나 이런 종목 매수를 원할 것이다.

01
명분에 따른 대시세 종목의 급등 탄력 원칙

급등주는 분명히 선취매 매집 세력의 의도에 의해 상승을 하게 된다.

거래량과 종목에 따라 다르겠지만, 매집을 하는 과정에는 한팀의 매집 세력만 입성하지 않는다. 서로 알지 못하는 여러 팀들이 합류되어 저점에서부터 매집에 이르게 되고, 1차 상승 이후 눌림목 과정의 손바뀜 등이 일어나게 된다.

1) 매집 급등주 만들기 시나리오 단계

① 급등주 명분 정보 입수: 신기술, 기업의 정보, 신사업 프로젝트, 정부 정책 등 급등의 명분을 입수하고, 가장 핫한 명분을 결정한다.
② 종목 선정: 급등주 명분에 적합한 종목을 선정한다.

③ 단계별 프로젝트 구성: 세력주, 급등주 중에서 가장 강한 사례는 대주주 결탁이다. 시나리오를 구성할 때 대주주나 대표이사, 이사 등과 연락을 취해 결탁 여부를 결정하고, 재료의 발표 시점과 주가의 급등 타이밍, 자금의 투입 단계 등을 결정한다.

④ 매집: 1차, 2차, 3차 등에 걸쳐 자금을 분산시키면서 여러 차명 계좌로 매수한다. 차트에서는 거래량이 점점 늘기 시작하며, 개인들의 물량을 뺏기 위해 흔들기도 출현되고, 종가, 시가 관리 등 개인들의 매수 접근을 막기 위해 의미 있는 가격대에서 누르기도 한다.

⑤ 매도: 저점에서 유입된 자금을 바닥권 대비 60~100% 정도 급등시킨 후 예정된 재료가 시장에 돌기 시작한다. HTS에 뉴스로 보도되기라도 하면 1차 차익 실현 매도 물량이 나오게 되고, 이런 구간에 전체 물량이 다 소화되지 않는다면 또 다른 팀의 세력이 입성하여 손바뀜을 만들어내기도 한다. 물론 개인도 좋은 물량 받이가 될 수 있다.

⑥ 2차 고점 매도: 급등 이후 단기 조정이 나오고, 예정된 호재가 연달아 나오면서 개인들의 추격 매수세에 잔여 물량을 올매도한다. 각종 메신저를 통한 찌라시나 증권사 정보통을 이용해서 엄청난 목표가를 설정하고, 개인들과 단타 세력을 끌어들여 물량의 대량 거래와 함께 세력은 유유히 털고 나간다.

> 이미 급등한 종목은 절대 중기 투자나 꿈의 장밋빛 급등을 노리고 보면 안 된다. 고점에서 물리면 몇 년을 고생하게 되므로, 고점에서 거래량이 터진 종목은 철저히 단타 개념으로 접근하고 호가창과 거래량을 반드시 체크하도록 하자.

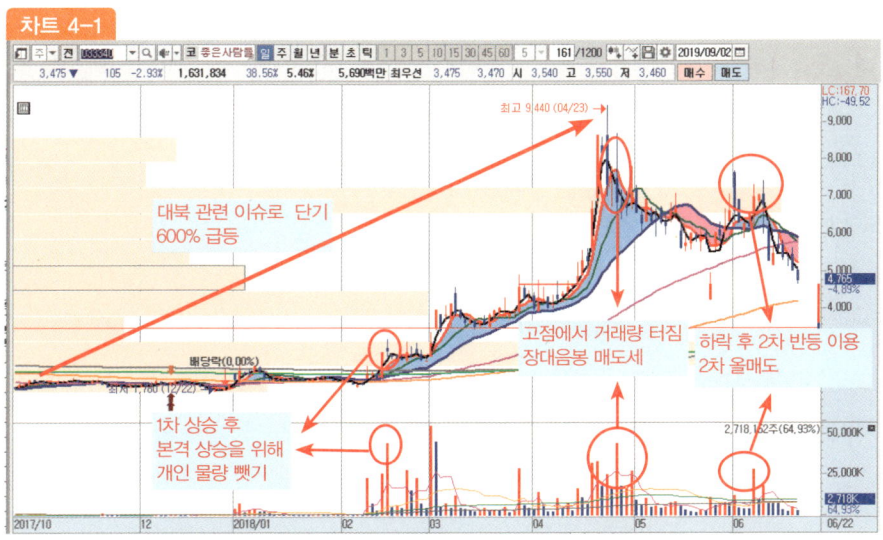

'좋은사람들'은 남북경협주로 개성공단 관련주였다.

2018년 1차 북미 정상회담이 있던 6월 전부터 대량 매집이 된 후 정상회담이 열리기 직전까지 6개월만에 600% 이상 급등했다.

중간중간 정확한 개인 물량 뺏기와 1차 급등 이후 손바뀜으로 새로운 세력의 진입이 출현되고, 고점에서 대량 매도 이후 주가 조정 과정을 거쳤으며, 2차 매도를 위한 개인 매수세 진입 유발과 함께 6월초 정상회담 전에 세력은 전 매도 물량을 개인에게 넘기고 유유히 다른 먹잇감을 사냥하러 갔다.

2) 재료에 따른 급등 탄력도 파악하기

① 실적 증가 및 부실 탈피

주식시장의 영원한 테마는 실적이다. 그러나 단기적 관점에서 주도주가 없는 시장에서는 결코 실적이 수급을 우선할 수 없다. 그럼에도 실적이 좋은 종목을 선택하고자 하는 건 혹여라도 고점에서 물리거나 매수하고 나서 당장 손실이 나도 실적이 좋은 우량주는 장기 관점으로 보유해도 걱정이 없다. 특히나 오랜 적자에서 흑자 전환을 했다든지, 영업이익의 대폭 증가는 주가에 가장 바람직한 호재이다. 그러나 안타깝게도 실적 증가는 최고의 급등주 명분은 아니다. 여기에 재료가 합쳐져야 큰 상승이 나온다.

엘비세미콘이라는 종목은 시스템 반도체 관련주로, 2019년부터 삼성전자, SK하이닉스가 메모리 반도체에서 비메모리 시스템 반도체 전력 투자로 수혜가 됐던 종목이며, 전년 동기 대비 큰 폭의 매출, 영업이익, 당기순익의 증가, 실적 증가와 방탄소년단 관련 수혜주로서 방탄소년단의 경제적 파급효과에 따른 수혜가 동시에 부각됨으로써 2,500원이었던 주가가 힘든 시장에도 불구하고 1년 여 만에 500% 급등했다. 기관과 외국인의 수급도 꾸준히 유입됐던 종목이다.

표 4-1

| 엘비세미콘 (061970) 10,450원 (↑29.98%) | 1 | 시스템반도체 관련주 상승 및 방탄소년단 美 빌보드 4주연속 톱10 진입 속 상한가 |

표 4-2

연결재무제표 기준 영업(잠정)실적(공정공시)

※ 동 정보는 확정치가 아닌 잠정치로서 향후 확정치와는 다를 수 있음.

1. 연결 실적내용

구분(단위 : 백만원, %)		당기 실적 (2019.1Q)	전기 실적 (2018.4Q)	전기대비증감액 (증감율)	전년동기 실적 (2018.1Q)	전년동기대비 증감액(증감율)
매출액	당해 실적	81,613	85,230	-3,617 (-4.2%)	40,690	40,923 (100.6%)
	누계 실적	81,613	-	-	40,690	40,923 (100.6%)
영업이익	당해 실적	11,973	11,222	751 (6.7%)	1,755	10,218 (582.2%)
	누계 실적	11,973	-	-	1,755	10,218 (582.2%)
법인세비용차감전계속사업이익	당해 실적	11,076	9,247	1,829 (19.8%)	662	10,414 (1,573.1%)
	누계 실적	11,076	-	-	662	10,414 (1,573.1%)
당기순이익	당해 실적	8,585	7,491	1,094 (14.6%)	16	8,569 (53,556.3%)
	누계 실적	8,585	-	-	16	8,569 (53,556.3%)

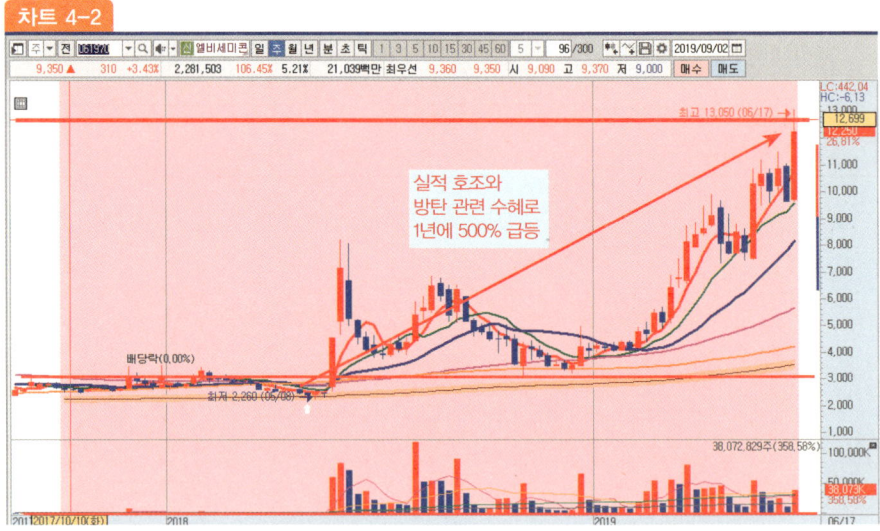

차트 4-2

② 정부 정책 및 신기술 개발

국가는 매년 새해 정부 정책 예산안을 세운다. 주식시장은 정부 정책에 아주 민감하게 반응한다. 2019년 예산 안에도 수소차 지원이 크게 증가되면서 수소차 테마가 급등을 했다. 매년 이렇게 국가는 국민이 필요한 부분을 국가적 지원 차원에서 개발 지원을 한다.

정부 정책과 연관된 신기술 개발의 명분에 적합한 종목들이 앞서 서술했듯이 급등 매집주의 타겟이 될 수 있는 것이다. 새로운 기술 개발은 기업의 가치를 한층 업그레이드하고 더 나아가서는 새로운 사업을 위해 3자 배정 유증을 통한 경영권 교체, 사업 목적 변경 등까지 이루어질 수 있다.

제이엔케이히터는 정유·석유화학 공장에 열을 공급하는 핵심 설비인 산업용 가열로의 공정 설계, 제작, 유지 보수를 주 사업으로 영위하고 있는 국내 유일의 업체이다. 도시가스 및 LPG(액화석유가스) 개질에 의한 수소 제조 장치 기술을 바탕으로 올해부터 수소차 충전소용 개질기 매출이 발생할 것으로 전망되면서 수소차 테마주의 대장주로 급등했다.

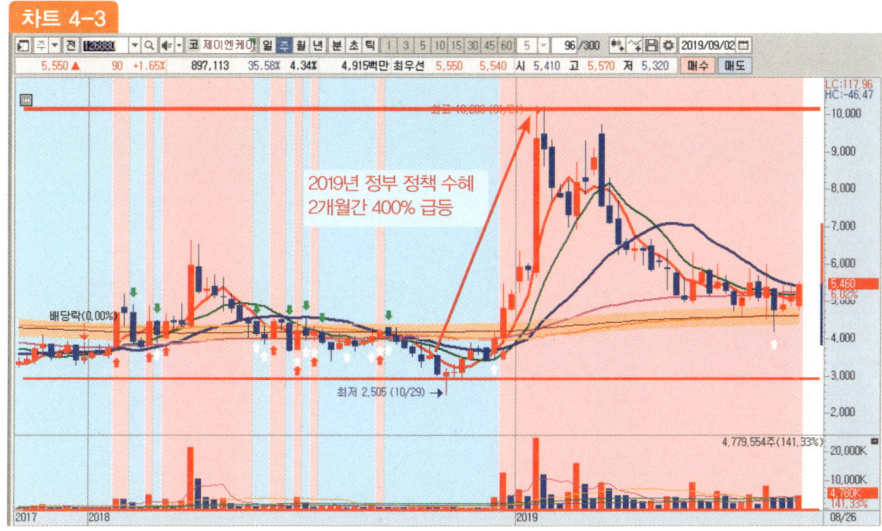

③ 우회 상장 및 인수 합병(M&A)

우회 상장은 주식시장에서 참 많이 듣는 단어 중 하나이다. 이미 유가증권 시장이나 코스닥 시장에 상장된 기업과 합병을 함으로서 상장에 따른 까다로운 절차를 밟지 않고, 우회적으로 상장되는 뒷거래 상장이라고도 볼 수 있다.

우회 상장에 적합한 기업을 볼 때는 대주주 지분율을 반드시 봐야 한다. 대주주 지분이 낮은 상장사는 기업 유지가 어려울 때 상대적 M&A 대상이 될 수 있다.

M&A 인수 합병은 우회 상장의 포괄적 개념이다. 다른 기업의 주식을 취득하고, 대주주로서의 권한을 가지므로 인수를 하면서 경영권 매각이나 합병, 기업을 합치기도 하면서 새롭게 경영진을 교체하므로 기업이 새로운 출발을 하게 된다.

재료에 따른 급등 탄력도를 살펴보면 우회 상장 인수 합병 등이 가장 힘이 있다. 다음과 같은 순서를 이해하도록 하자.

실적 증가 및 부실 탈피 -〉 정부정책 및 신기술 개발 -〉 우회 상장 및 인수 합병

02
급등주가 되기 위한 기술적 조건 원칙

시장에서 가장 중요한 것은 수급, 즉 관심이다.

아무리 못생기고 미운 과일도 달고, 과즙이 많고, 먹을 게 많으면 이미 그 과일의 진가를 아는 사람들이 사려고 경매에 참여하거나 관심을 갖고 입소문이 나기 시작한다.

급등 종목이 시장에서 그 진가를 발휘할 수 있는, 기술적 조건상 급등할 수 있는 환경이 갖추어 진다는 건 아주 중요한 요소이다.

이제 기술적 요건의 필요성을 확인해보자.

① 대주주 지분이 아주 낮거나 아주 높은 주식

대주주 지분은 30% 내외가 적당하다. 지분이 너무 낮아서 20% 미만일 때는 적대적 M&A 대상이 되기 쉽고, 대주주 지분이 50% 이상인 경우는 상장 주식주가 적은 종목일 경우가 많다. 이런 종목이 대주주 지분이 50% 이상이라면 품절주가 된다. 시장에 자금이 없고 침체장일 때 품절주 급등세가 나올 수 있다.

② 횡보 구간이 긴 박스권 주식

오랜 시간 박스권 안에서 횡보하면서 거래량과 거래 대금이 지루한 모습을 보이며 개인들의 관심을 배제시킨 종목. 박스권 이전 주가 급락시 매물 출회가 있던 종목이 좋으며, 3개월 이상 횡보와 이평선을 수렴하고, 추가 하락없이 전저점 지지가 강한 종목이 좋다.

③ 시가총액이 낮은 주식

주가와 발행 주식수를 곱하면 시가총액이 산출된다. 시총이 낮다는 건 유동 주식수가 적거나 현재 주가가 저평가됐거나 둘 중 하나일 확률이 높다. 시총 200억~1,000억 미만의 소형주가 적당한 종목이다.

④ 과거 급등 경력이 있는 끼가 있는 종목

주가 탄력이 있다는 건 과거 급등의 끼가 있다는 뜻이다. 탄력이 크고 매물 부담이 적은 주식은 급등의 끼가 충분하다. 급등주의 수급 관점은 다분히 과거 주가 흐름의 습관과 경험이 크게 작용한다.

⑤ 시장 유통 물량이 적합한 종목

주가가 급등하기 위해서는 적당한 물량이 필요하다. 위에서 언급했듯이 시장 분위기에 따라 품절주든 유통 주식이 많은 종목이든 적합한 물량이 필요하다. 침체기의 유동성 증시가 아닌 시장에서는 동전주, 저가주, 품절주가 작전주의 표적이 되고, 어느 정도 분위기가 조성된 시장에서는 롤링하기 좋은 만만한 종목이 가장 좋다. 보편적인 시장에서 1,000만주~3000만주의 종목은 보편적이고 적당한 종목이다.

⑥ 바닥권 저점에서의 거래량 점진적 증가

주가 상승에서 가장 필요한 건 수급이다. 거래량, 잔잔한 거래량, 초원 위의 기린목 거래량이 출현되면 매집의 흔적도 보여진다. 저점을 지지하면서 발생되는 점진적 거래량은 주가 상승의 필수 요인이다.

03
급등주가 되기 위한 기본적 조건 원칙

주식시장에 상장된 많은 기업, 특히 코스닥 기업을 탐방해 보면 실제 투자 위협을 느끼는 기업이 한두 군데가 아닐 것이다. 밖에서 바라봤을 때 상장기업이라는 타이틀 안에 있지만, 기업 실적, 매출 내용 등과 같은 신고된 재무제표가 아닌 실질 기업을 바라봤을 때는 왜 우리가 잘못된 급등주에 투자해서 손실이 나는지를 실감할 수 있다.

기본적 조건, 즉 투자할 수 있는 기업의 베이스 기본 요건은 무시할 수 없는 가장 중요한 요소이며, 매매 시 습관처럼 짚고 넘어가야 하는 원칙이다.

① 3개년도 영업이익, 당기순익 적자 기업 제외
② 관리종목 제외, 부실 종목, 우선주, 스팩 제외
③ 잦은 유상증자, 전환사채, 신주인수권부사채 종목 제외
④ 유동 비율이 높고 부채비율이 낮은 기업 선택

⑤ 시장의 인기주 테마주 정책과 밀접한 관련 기업 선택

⑥ 타 기업 대비 저평가 종목

저평가 종목은 추후 급등을 해도 명분이 타당하다. 기본적 분석에서 같은 업종 다른 기업 대비 저평가된 종목은 기본적인 급등 명분이 확실하다.

⑦ 우수한 경영진 교체, 이사 영입, 인수 합병, M&A 이슈 종목

아난티 남북경협주의 대장주였던 이 종목은 짐 로저스라는 인물이 사외이사로 영입되면서 발표 당일 주가가 갭상승 급등 이후 단기 450% 급등했다. 짐 로저스는 워런 버핏, 조지 소로스와 함께 세계 3대 투자 대가이다.

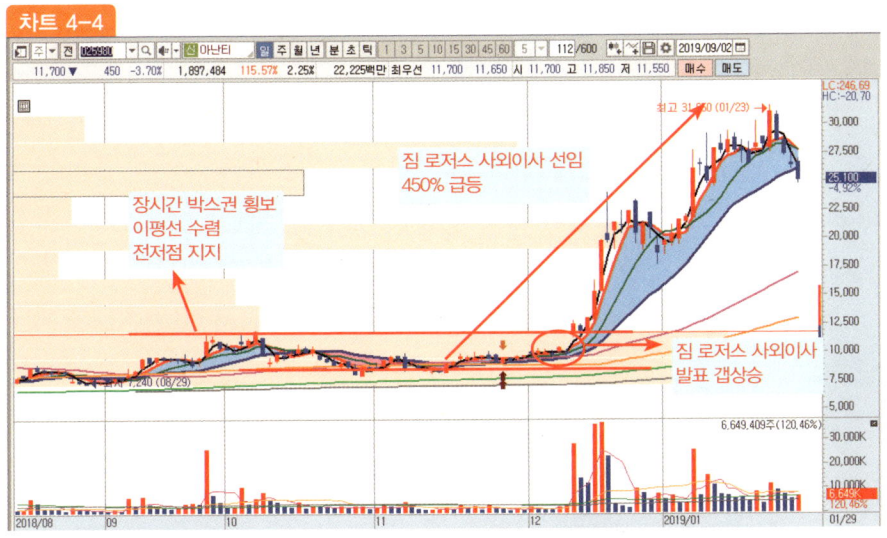

04

대량 거래와 거래량
매수 급소의 원칙

1) 대량 거래와 거래량 폭증의 원리

　주식시장에서는 대량 거래와 거래량 폭증을 가끔 혼동하는 경우가 있다.
　대량 거래에 대한 정의를 내려 보면 대량 거래는 2주 정도의 평균 거래량 대비 2~5배 정도의 거래량을 말한다. 이런 대량 거래의 출현은 점진적인 거래량 발생을 보이면서 출현되는 경우가 많다.
　거래량 폭증은 2주간의 평균 거래량 대비 8~10배 이상의 거래량 출현을 말한다.
　유통 주식이 적은 소형주의 경우에는 대량 거래 정도의 모습도 관심주로 등록되며, 저점 지지 흐름 시에는 분할 매수 자리가 된다. 그러나 만약 대량 거래 이후 본격적인 하락이 시작된다면 이는 물량 털기를 위한 개인들을 유혹하는 자리가 된다.
　대량 거래 또는 거래량 폭증 출현 시 매수 포인트는 절대로 당일이 아니다.

만일 당일 저점이 시가를 깨지 않고 거래량이 터진다면 아침 9시30분 전 분봉 눌림목에서 매수가 가능하지만, 손이 빠르지 않다면 고점에 매도도 못하고 하락 윗꼬리가 출현된다면 고점에 물리는 경우도 허다할 것이다.

아래의 종목 보해양조처럼 2018년 8월 거래량 폭증 당일에 매수했다면 50여일 되는 시간을 횡보하는 차트와 소멸된 거래량을 보면서 개인이 버티기는 매우 어려웠을 것이다. 10월초 5일선 변곡점+이평선 수렴 거래량 증가가 매수 포인트이거나, 10월 중순에 8월 거래량만큼 출현되고, 눌림목이 나오는 구간이 매수 급소이다. 그 이후 12월까지 급등하면서 거래량 소멸 주가의 눌림목 전저점 지지가 지속적으로 반복 출현된다. 이것이 급등주 눌림목 매매의 매수 급소이다.

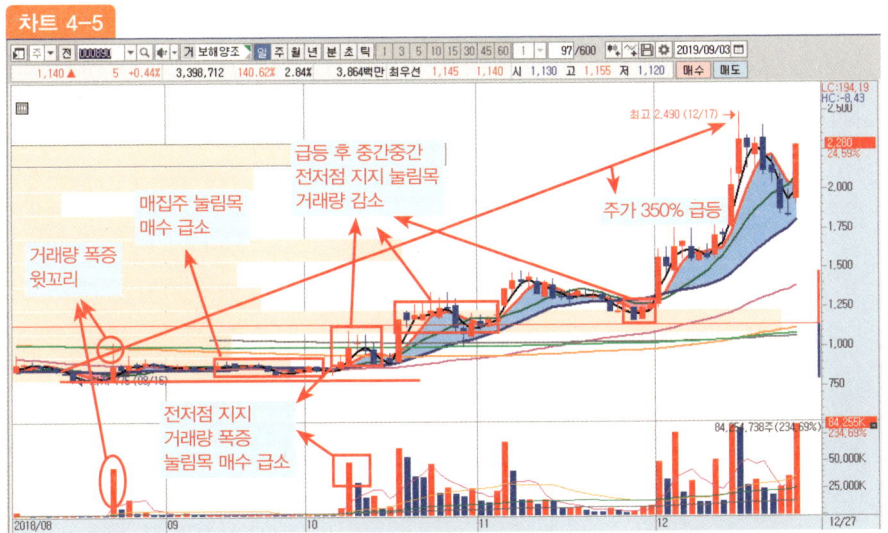

2) 거래량 매수 급소 원칙

주가는 수급에 비례한다. 모든 경제 흐름에서 사고파는 거래는 항상 존재한다. 경매 또한 아무리 좋은 물건이 올라와도 사고자 하는 사람이 많지 않으면 흥정에도 이르지 못하고 싼 가격에 처분된다.

주가도 사고자 하는 사람이 많으면 가격이 오르고, 팔고자 하는 사람이 많으면 하락하게 된다.

통상적으로 저점에서의 거래량 증가는 주가 상승, 고점에서의 거래량 증가 음봉은 주가 하락을 암시한다.

매집 차트도 의도적인 흔들기나 자전 거래로 매도 물량을 인위적으로 일으켜서 주가 하락을 부추기며, 싼 가격에 더 많은 물량을 매집하려고 하기도 한다. 상승의 끝자락에서 매도하지 못한 남은 물량을 개인에게 떠넘기려는 세력의 의도가 숨어 있기도 하다.

기술적 분석의 80%는 거래량 변화의 원칙을 파악하는 것이 가장 큰 힘이라고 할 수 있다.

거래량의 매수 급소는 저점의 주가에서 긴 시간 횡보하던 주가가 2주~3주 정도의 기간 중 최저점 거래량을 찍고 점진적으로 증가하면, 300% 이상 거래량이 증가한 양봉 캔들 발생과 그 이후 주가의 변동성을 확인 후 저점 지지 5일 변곡점은 가장 안전한 저점 매수 포인트라고 볼 수 있다.

만약 저점에서 매수하지 못했다면 1차 급등 이후 눌림목 구간을 공략해야 하는데, 여기에서 거래량 변화는 최대의 핵심이다.

1차 급등 이후 단기 고점에서 거래량 없이 주가가 하락한다면 거래량을 반드시 체크하자.

하락 시 음봉 거래량이 현저히 적고, 반등 양봉 거래량이 많다면 그 종목은 1차 급등 고점을 충분히 돌파할 힘이 있다고 해석하면 된다.

만약 하락 시 매도 거래량이 많다면 그 종목은 접근하지 않는 것이 좋다. 추가 상승이 나와도 전고점 돌파가 쉽지 않기 때문이다.

개인이 바닥권에서 매집 차트 매수 후 지루하게 홀딩하며 몇 개월을 기다린다는 것은 매우 지루하고 힘겨운 시간과의 싸움이다.

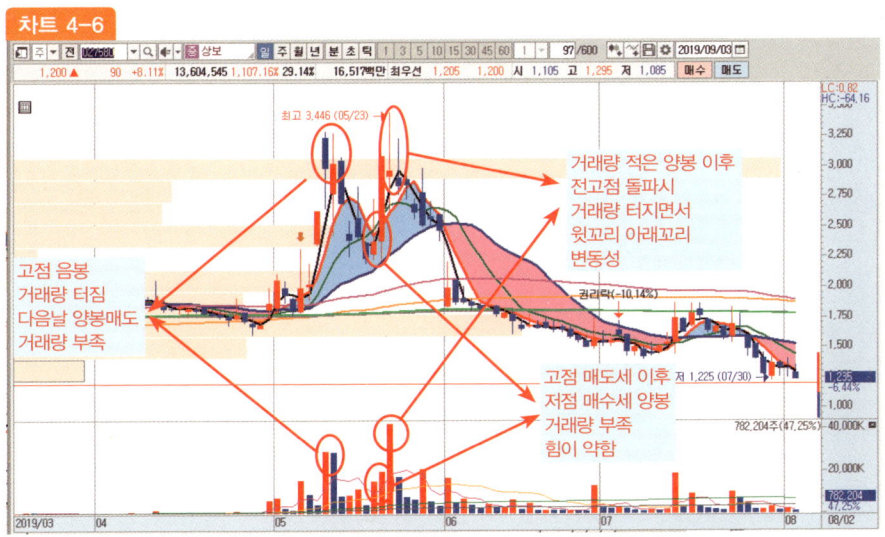

이와 같은 기다림의 시간을 갖지 않으려면 급등 후 1차 눌림목이 나오는 종목을 잘 공략해야 한다. 그렇게 하면 단기간에 큰 수익을 낼 수 있다.

05
가격 조정과 기간 조정의 원칙

1) 조정 구간의 이해

　주가의 조정 구간은 크게 두 가지의 관점에서 볼 수 있다.
　주가의 추세 방향을 만들기 위해 쉬어 가는 구간을 조정 구간이라고도 하고, 이미 상승이든 하락이든 어떤 한 방향을 잡고 추세를 만들 때에는 같은 방향으로 더 크게 급등하기 위해 잠시 숨고르기 하는 과정을 거치며, 세력 매집 종목이라면 본인들의 목표 달성을 위해 반대 방향으로 잠시 변화를 주기도 한다. 상승 추세 종목이 개인 접근을 막기 위해 또는 물량을 털기 위해 하락 눌림목을 준다든지, 하락 추세 종목에서 남은 물량을 개인에게 떠넘기기 위해 잠시 반등을 주기도 한다.
　이미 한 방향으로 추세를 정한 주가의 눌림목은 다시 '가격 조정'과 '기간 조정'으로 구분할 수 있다.
　두 조정간의 차이점은 반드시 파악하고 가자.

가격 조정

단기 반등한 종목은 지속적으로 우상향 상승세만 유지할 수 없으므로 거래량 없이 고점 대비 10%~20% 정도까지 하락한다. 주식 보유자가 단기 고점에서 매도하지 못했다면 당연히 홀딩하고, 신규 매수의 관점은 반드시 하락 시 거래량이 아주 확실히 감소해야 한다. 바닥권에서 발생한 장대양봉의 시가 또는 저점을 깨지 않는 범위에서 조정이 나와야 한다.

만약 전저점 또는 주가가 한단계 업그레이드된 양봉의 저점을 이탈한다면 일단 매도를 포기하고 다시 주가의 흐름을 살펴야 한다. 선취매한 매집 세력은 일부러 개인들에게 겁을 주기 위해 의도적으로 저점을 깨기도 하며, 다시 힘 있게 반등을 보이기도 한다.

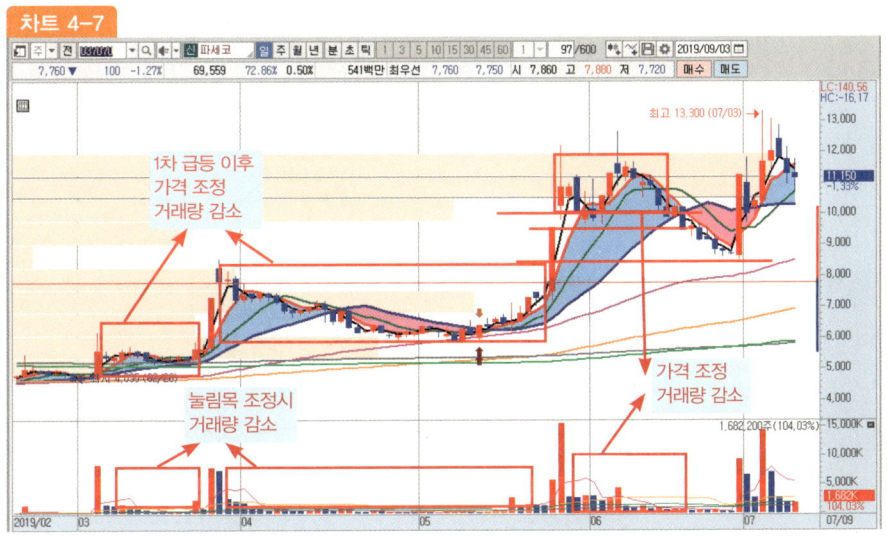

개인 투자자들은 이러한 가격 조정 시 손절을 하고 싶은 유혹을 많이 받으며, 신규 매수도 꺼린다. 개인은 하락하는 종목보다 상승하는 종목만 주목하고 매수 버튼을 누르기 때문이다.

기간 조정

기간 조정은 가격 조정보다 훨씬 힘이 있는 조정이다.

주가가 급락해서 눌림목이나 N자형 패턴이 나오기보다는 주가와 이동평균선의 가격 이격도가 클 때 또는 5일선과 20일선, 각 이평선 이격도가 큰 모습일 때 주가는 가격적인 하락 없이 단기 이동평균선이 상승을 쉬고 횡보한다. 즉 기간 조정은 중기 이평선이 단기 이평선까지 올 수 있도록 주가를 옆으로 붙이면서 기다려주는 구간을 말한다.

어찌 보면 개인 투자자들이 더 당하기 쉬운 조정이 기간 조정일 수도 있다.

지루한 싸움이기도 하고, 기간 조정 이후 바로 예측대로 반등이 나오면 좋은데, 기간 조정 마무리 후 다시 적당한 가격 조정을 의도로 주가가 저점 지지에 실패하고 하락하면, 보유자들은 기간 조정이후 가격 조정 구간에서 물량을 뺏기기 쉽다.

가격 조정과 기간 조정에 있어 더 상승 의지가 강한 조정은 기간 조정이다.

주가의 저점을 깨고 하락해서 올리는 것보다는 큰 급락 없이 반복되는 조정 가운데 급등이 나와야 상승 탄력의 힘이 강하다.

쉬운 예로 투자자들이 지수 하락장에서 지수 대비 덜 빠진 종목, 잘 버티는 종목, 힘이 있는 종목을 선호하는 것과 같다.

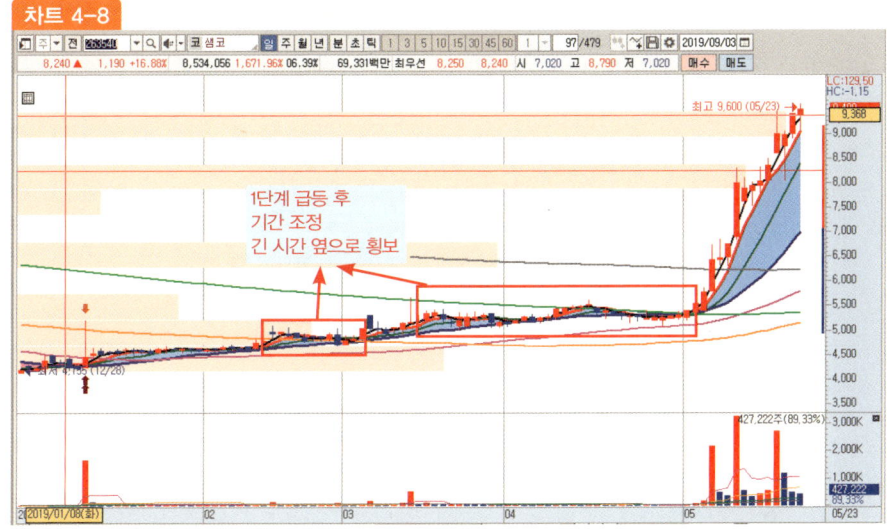

샘코는 대표적인 2019년 세력주이다. 고점에서 개인들에게 엄청난 문자가 오기도 했다.

주가 하락이 100% 이상 급락하고도 지속적으로 개인들에게 매수하라는 문자가 오곤 했는데, 그 이후 주가는 지속 하락이 나왔다.

06
매집 급등주의 초기 공통점 포착 방법

1) 매집 차트의 초기 모양 파악하기

　매집 종목은 초기부터 개인이 진입하게 되면 급등 시점까지 보유하지 못하는 경우가 많다.
　긴 시간과의 싸움이고, 급등 직전 투매 유도 구간이나 흔들기 자리는 아주 저점 매수자나 차트를 자신 있게 분석하는 투자자가 아니면 버티면서 보유하기가 힘들다. 차트를 자신 있게 보더라도 심리적으로 많이 불안한 시기이다.

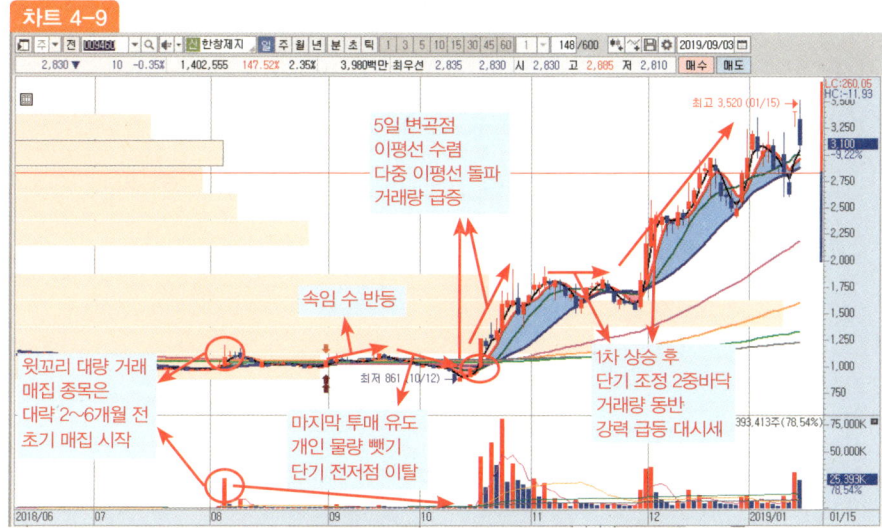

통상적으로 매집 종목은 6개월 전후 주가가 급등한 이력이 있다. 재료를 갖고 급등했든 아니면 재료 없이 급등했든 대량 거래와 함께 급등한 종목이 하락 시 매도 물량 없이 몇 개월 이상 횡보한다면 신규로 관심권에 둘 필요도 있다.

바닥권에서 거래량 폭증으로 8~10배가 넘는 거래량이 터지고 나서 주가가 바로 급등하는 경우는 드물다. 거래량 출회가 되고 매집 세력의 주가 조정 기간이 나오게 된다. 이 기간을 통해 개인들을 지치게 하고 물량을 완전히 빼앗는다. 다시 거래량이 서서히 증가하기 시작하는 시점부터는 관심권이다. 단기 저점을 이탈해서 개인들의 손절매를 부추기기도 하지만, 거래량 동반과 함께 5일 변곡점 시엔 강력한 매수 구간이다.

2) 급등주 초기 거래량 변화 완전 해부

① 급등 2~6개월 전 2주간의 평균거래량 대비 8~10배 이상 폭증
② 거래량 폭증 후 2~6개월 가량 거래량 감소 및 주가 하락 후 횡보
③ 대시세 급등 직전 이유 없는 하락과 개인의 마지막 물량 뺏기
④ 단기 10~20% 상승 후 대량 거래와 장대음봉 윗꼬리 개인 물량 뺏기
⑤ 횡보기간 중 거래량 감소. 주가 변동폭 거의 없음. 단봉 팽이형 또는 십자형 캔들 등
⑥ 급등 시점이 가까워 오면 점진적으로 거래량 증가
⑦ 조정 시 들쑥날쑥 거래량이 일정하거나 차분하지 않으면 대시세 급등 가능성은 희박
⑧ 물량 매집이 끝난 종목은 거래량 증가 후 바로 급등
⑨ 강력한 매집 차트. 힘이 있는 종목은 갭상승 출현

매집 차트를 골라서 저점에서 매수하는 것도 중요하지만, 더 중요한 것은 고점에서 비싸게 팔아야 급등주를 제대로 매수한 것이다.
만약 저점에서 매수했는데 고점에서 매도하지 못하고 바로 매도했다면 급등주 찾는 방법을 아무리 연구해도 소용이 없다.

매집 종목의 차트 사례를 몇 개 보도록 하자. 눈에 익히는 과정이 꼭 필요하다.

차트 4-10

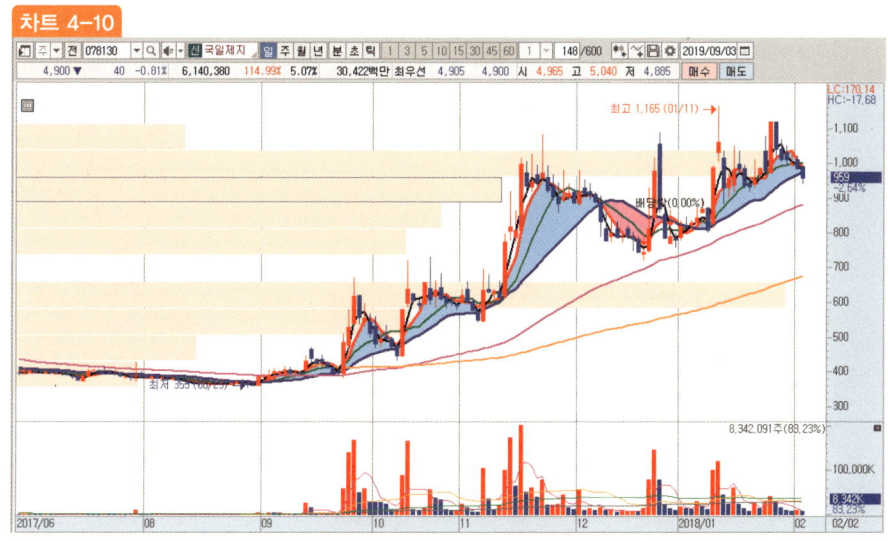

차트 4-11

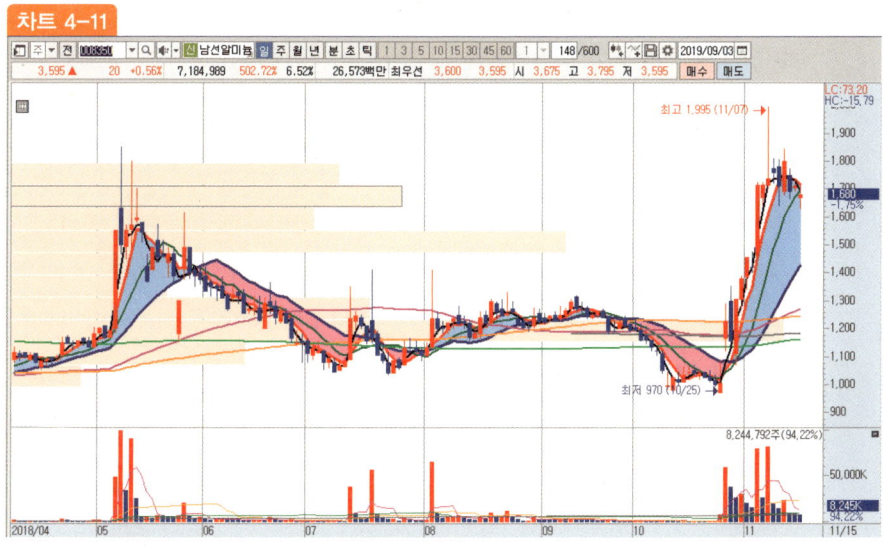

PART 4 · 대시세 급등주의 저점 매수 원칙

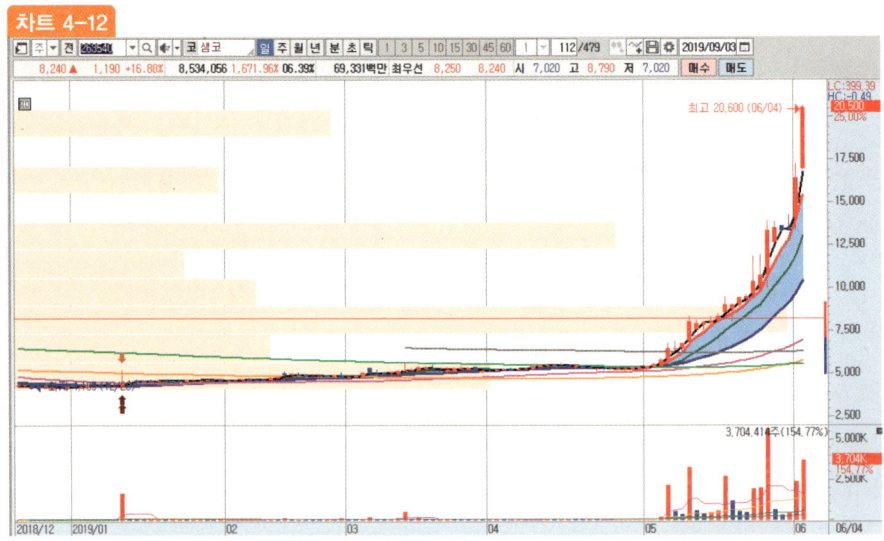

차트 4-12

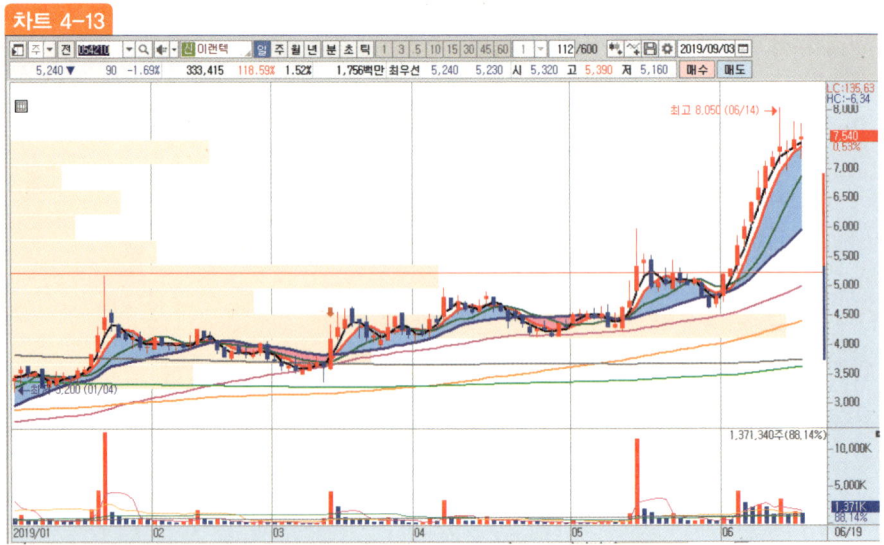

차트 4-13

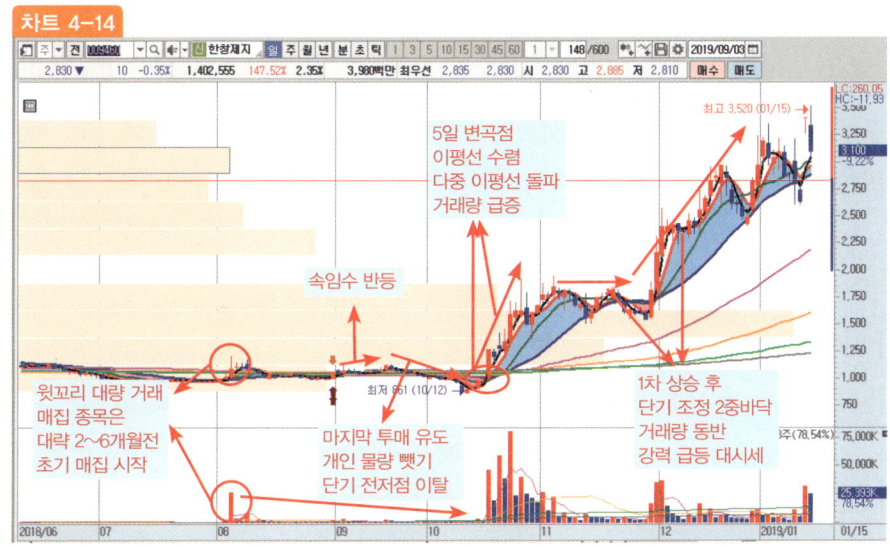

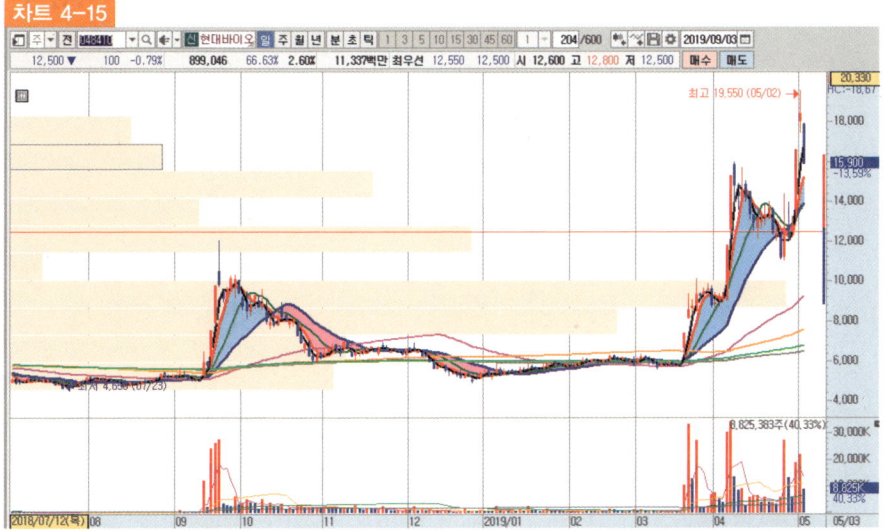

매집차트에 대한 자세한 분석은 필자의 라이브 방송을 통해서 더 깊이 있게 익히고 공부하도록 하자.

한국경제TV 와우넷 http://www.wownet.co.kr/

내가 보유한 종목, 또는 매수하고자 하는 종목이 상승 추세에서

지속형 패턴이 나오지 않고 반전형 패턴이 나온다면

보유자는 매도해야 하며, 관심권 투자자는 관망 전략을 세워야 한다.

반전형 패턴은 그동안 주가의 중장기 흐름이 상승이라면 하락으로,

하락이었다면 상승으로 추세 전환되어 반대 방향으로 주가의 흐름이 형성되므로

반드시 이전 주가의 흐름을 뚜렷한 추세선으로 전환시켜 줘야 한다.

Part 5.

대시세 급등주의 고점 매도 원칙

01
가장 일반적인 장대음봉의 대량 거래 원칙

　일반적으로 거래량이 평균 거래량의 8~10배 이상 폭증하는 경우는 주가의 변동성이 상당히 크게 나타나게 된다. 이렇게 거래가 폭증했을 때에는 주가의 위치나 캔들의 모양에 따라 해석을 다르게 할 수 있지만, 과거의 차트 흐름을 보면 결국 당일 대량 거래 종목은 장대음봉 또는 긴 윗꼬리 양봉이 발생하게 된다. 장대음봉은 물량 넘기기 또는 물량 뺏기일 것이고, 윗꼬리 양봉은 상한가를 바라보면서 급등하던 종목이 저항선의 매도 물량에 의해서 결국은 상한가에 안착하지 못하고 윗꼬리를 형성한다.
　시장이 유동성이 풍부하고 강한 장세라면 윗꼬리 종목이 많지도 않고 고점 윗꼬리도 많지 않으나, 시장이 불안정하고 단타성 물량이 많다면 윗꼬리가 많은 캔들 종목이 많이 연출된다.

　상투권이든 저점이든 장대음봉 대량 거래는 매도 관점이다. 일단은 매도 후 장대음봉의 저점을 지지해 준다든지 최근 저점의 지지 흐름이 나온다면 매집의 흔적으로 보고 재매수가 가능하다. 또한 장대음봉 대량 거래는 매도가 큰 후유증을 피할 수 있다.

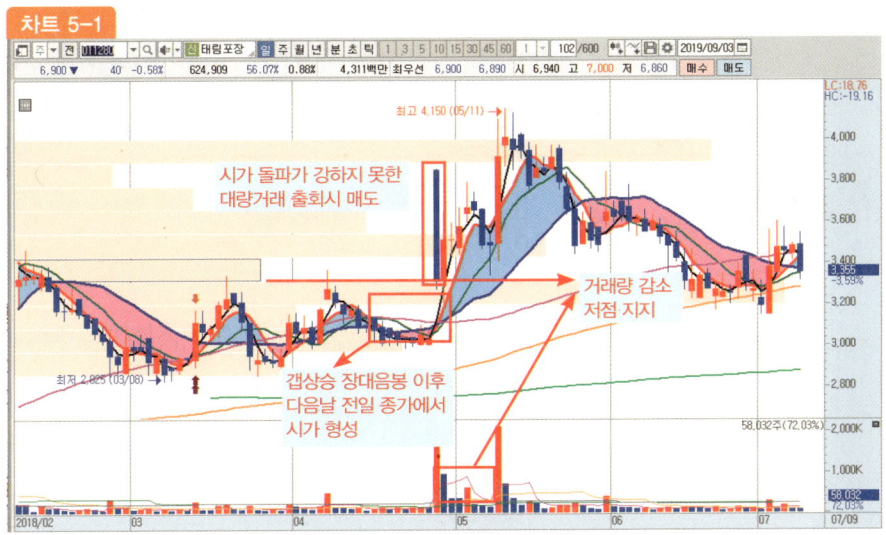

1) 물량매집용 장대음봉 또는 윗꼬리 + 대량 거래

장대음봉의 대량 거래는 1차원적 관점에서는 매도가 확실하다.

그러나 물량 매집의 대량 거래와 물량 털기의 대량 거래는 꼭 구분해서 급등주를 초기에 손실이나 작은 수익으로 매도하는 일이 없도록 해야 한다.

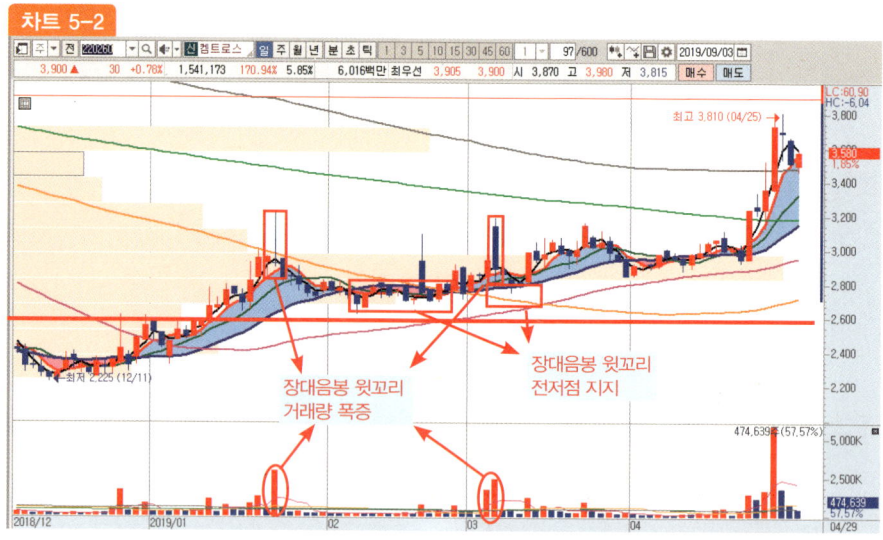

　대량 거래는 그동안 부재중이던 매수세가 갑자기 대거 출현하는 현상이다. 일반적으로는 호재가 있기 때문에 매수세가 출현되고, 만약 그 호재가 강하게 작용한다면 매도세 없이 강한 매수로 장대양봉 또는 상한가가 출현될 것이다.

　물량 매집용 대량 거래 장대음봉은 주가 바닥에서 가격 조정과 기간 조정을 거친 후 대량 거래와 함께 양봉이 출현되고, 개미들을 잔뜩 기대감에 부풀게 한 후 전일의 양봉 고가를 돌파하지 못하거나 갭상승 이후 윗꼬리와 함께 음봉이 출현되고 대량 거래가 나온다. 이때의 대량 거래는 세력의 마지막 물량 매집 과정일 때가 많다. 대신 강력한 조건은 최근 저점을 반드시 지지해야 하며, 음봉 대량 거래 이후 거래량은 확실히 줄어들며, 최저점 거래량을 찍고 점진적 거래량이 수반되면 강력한 매수 시점이 된다.

2) 물량 털기용 장대음봉 또는 윗꼬리 + 대량 거래

물량 털기용의 대량 거래는 정말 개인 투자자들이 피해야 할 물량이다.

매집된 세력주들의 고점 물량 털기가 나올 수도 있고, 또는 저점에서 시원치 않은 반등 정도밖에 나오지 않았는데, 장대음봉과 대량 거래 또는 윗꼬리 양봉과 음봉이 출현하게 될 수도 있다.

세력들의 매집 종목도 처음 계획과는 다르게 중간에 실패하는 경우도 있다.

목표했던 가격대까지 급등시키지 못하고 계획이 변경됐을 때에는 중도에 개인에게 물량을 넘기기도 한다. 물량 털기용 대량 거래의 목적은 최대한 고점에서 많은 물량을 끌어들여서 기존 세력들의 보유 물량을 처분하는 데 있다.

그들은 허매수, 허매도, 자전 거래를 통해 개인 투자자에게 털고 여유 있게 나가는 것이다.

때문에 물량 털기를 어떻게 파악해야 하는지가 가장 중요하다.

물량 털기의 음봉 대량 거래는 전고점을 돌파하지 못하는 경우가 많다.

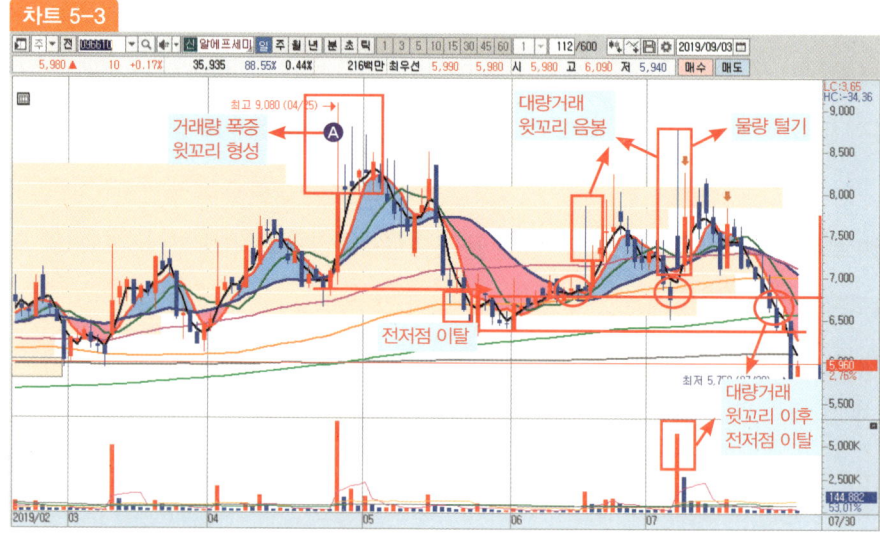

거래량이 전고점보다 부족하며, 전고점에서도 캔들의 흐름을 보면 잦은 윗꼬리 출현이 많다. 주가 하락 후 반등 시 거래량이 유입되지만, 전고점보다 적은 거래량으로 반등폭이 강하지 않다.

또 2번째 윗꼬리 음봉 이후 하락 시에는 저점 지지 여부를 반드시 살펴봐야 한다.

만약 윗꼬리에서 매도하지 못했다면 하락 시 최근 저점 지지라인을 꼭 손절가로 정해놓고 대응을 해야 한다.

물량털기 하락 패턴은 저점 이탈 한번으로 끝나지 않으며, 2단 하락 또는 완전한 하락 추세로 전환되기가 쉽기 때문에 리스크 관리를 위해서도 원칙을 꼭 지키는 전략이 필요하다.

3) 100% 이상 급등주의 첫 장대음봉 + 대량 거래
= 강력한 매도 신호

매집이 이루어진 종목이 거래량이 동반되면서 바닥권 대비 30~60% 상승한 후 거래량이 없는 첫 음봉이 출현된다면 주의 깊게 볼 필요가 있다. 눌림목이기 때문에 시간도 벌고 수익도 크게 내는 종목이 될 수도 있기 때문이다. 그러나 바닥권 대비 100% 이상 급등한 종목이 고점에서 장대음봉과 함께 대량 거래의 첫 음봉이 나온다면 강력한 매도 신호로 해석해야 한다.

100%까지 단기 급등을 시키는 과정에서 매물 소화 과정이 없었거나 음봉 없이 양봉만 나열됐기 때문에 보유자들은 수익 증가로 좋기도 하겠지만, 지극히 불안해지는 구간이다.

신규 매수를 원하는 투자자들도 매수 욕구는 있으나 이미 급등을 한 가격대이므로 섣불리 뛰어들지 않아 많은 물량의 매수세가 유입되기는 힘들다. 자칫 음봉이 출현하게 되면 이 불안한 심리가 그대로 주가에 반영되므로 너나 할 것 없이 매도를 하게 된다.

추후 쉬어 가는 과정 이후 다시 급등을 하더라도 일단 소나기는 피해 가는 것이 안정적인 매매 원칙이다.

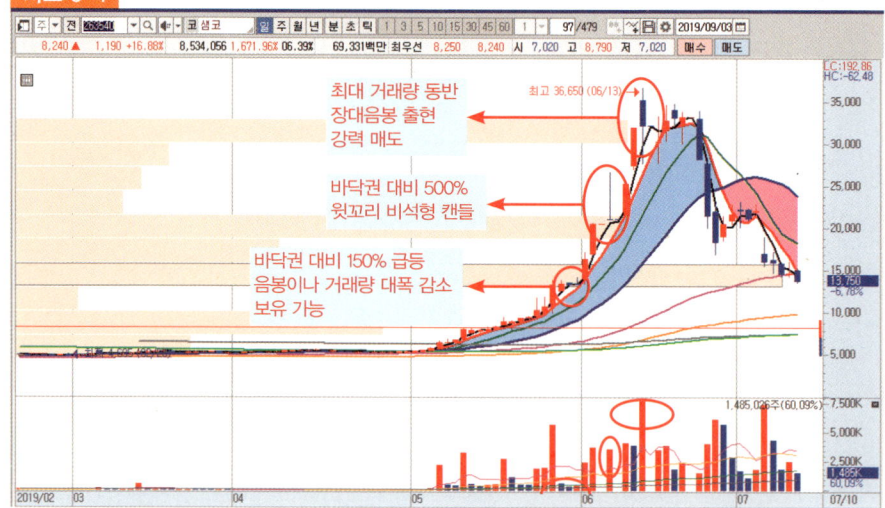

차트 5-4

비석형 캔들에 대한 이해

아래꼬리를 달고 힘차게 오르는 잠자리형과는 반대로 비석형 캔들은 매도의 신호로 해석할 수도 있다. 그러나 발생 위치에 따라 해석의 의미도 다르다.

고점이라면 강력한 매도 신호로 해석되나 반드시 대량 거래가 출회되어야 한다.

그러나 매집 차트의 단기 투매권에서 거래량이 없는 모습이라면 손바뀜의 흐름을 보고 충분한 눌림목 시 매수의 신호로 해석할 수 있다.

4) 지속형 패턴과 반전형 패턴에 따른 매도 원칙

주가의 흐름은 상승과 하락이라는 파동을 규칙적으로 만들어내면서 상승 추세, 하락 추세, 횡보 추세를 만들게 된다.

차트의 흐름이 과거형이라고 하지만, 과거의 패턴 습관을 익히면서 미래를 예측하고 대응하는 것이다.

주가는 현재 유지하고 있는 흐름 가운데 상승에 따른 피로감 누적으로 기간 조정과 가격 조정을 통해 눌림목을 만들고, 그 흐름을 이어가는 지속형 패턴과 이전까지의 주가 흐름을 완전히 변환시켜서 반대 방향으로 움직일 것을 암시하는 반전형 패턴이 있다.

지속형 패턴은 상승 추세 종목이나 횡보 추세 종목의 상단과 하단을 잘 공략해야 하고, 반전형 패턴은 하락 추세 종목의 반전 구간을 매수 포인트로 잡아야 한다.

주식은 매수도 중요하지만 매도는 더더욱 중요하다. 수익과 손실을 확정 짓는 순간이 바로 매도이기 때문이다.

내가 보유한 종목, 또는 매수하고자 하는 종목이 상승 추세에서 지속형 패턴이 나오지 않고 반전형 패턴이 나온다면 보유자는 매도해야 하며, 관심권 투자자는 관망 전략을 세워야 한다.

반전형 패턴은 그동안 주가의 중장기 흐름이 상승이라면 하락으로, 하락이었다면 상승으로 추세 전환되어 반대 방향으로 주가의 흐름이 형성되므로 반드시 이전 주가의 흐름을 뚜렷한 추세선으로 전환시켜 줘야 한다.

02
급등한 주가의 중요 물량 체크와 매도 원칙

1) 급등주 첫 장대음봉 + 대량 거래 매도 원칙

급등주는 바닥권 대비 100% 이상 상승이 나온 종목과 거래량이 수반된 종목을 말한다.

만약 주가가 바닥권 대비 상승폭이 비교적 적고 거래량이 없다면 매도보다는 조정을 이용한 매수 관점으로 봐야 한다. 하지만 바닥권 대비 급등의 폭이 100% 이상의 위치에서 첫 장대음봉과 대량 거래가 수반된다면 일단은 매도의 관점으로 대응해야 한다.

또한 음봉의 종가나 장중 흐름이 전일 지속되고 급등했던 양봉의 종가를 이탈한다면 더욱 강력한 매도 구간이다. 만약 강한 갭상승으로 음봉이 출회되고, 전일 양봉의 종가를 지지해준다면 50% 정도 매도하고, 분할 매도로 접근하는 전략이 필요하다.

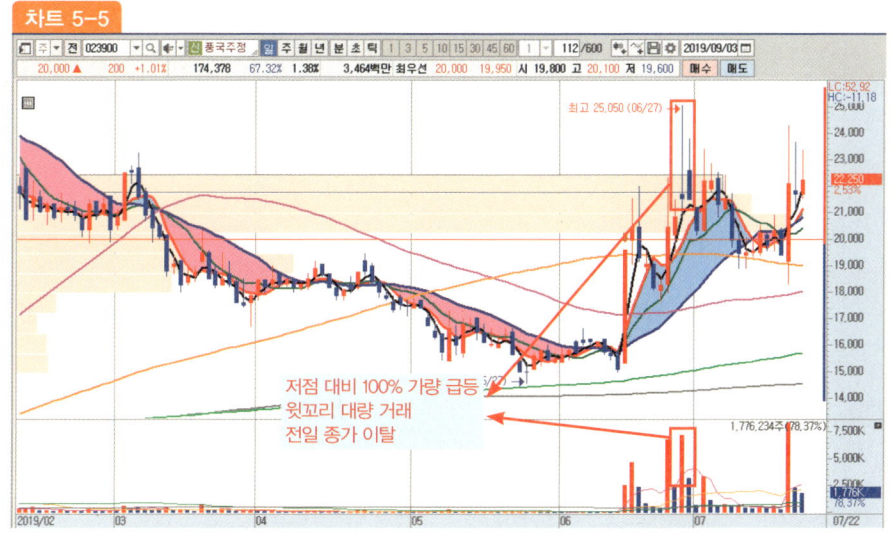

2) 급등주 고점 단기 이평선 대응 원칙

급등주는 이평선의 상승 각도가 강하다. 45% 이상의 가파른 각도로 만들며 상승하기 때문에 단기 이평선과 중기 이평선의 이격도도 큰 만큼 급락 시 큰 손실도 감안해야 한다. 그래서 필자는 이미 급등한 종목은 절대로 추천하지 않는다.

시장의 일봉에서 최근 대량 거래와 급등세가 연출되고, 주도주이기 때문에 꼭 매수를 해야 한다면 반드시 분봉을 이용한 장중 최저점 눌림목 구간을 공략하라고 권장하고 싶다.

이제 급등주에서 각 이평선의 전략들을 익혀보자.

• 5일선 급등주 대응 --〉 일보 후퇴 생명선

기본적으로 전업이나 트레이딩 관점의 단기 매매 기준으로 5일 변곡점을 잡는 경우가 많다. 그 이유는 급등주는 5일선을 타고 가는 종목이 많기 때문에 급등주를 따라 잡을 때도 5일선 지지 매매 또는 변곡점 매매 등을 선호하기 때문이다.

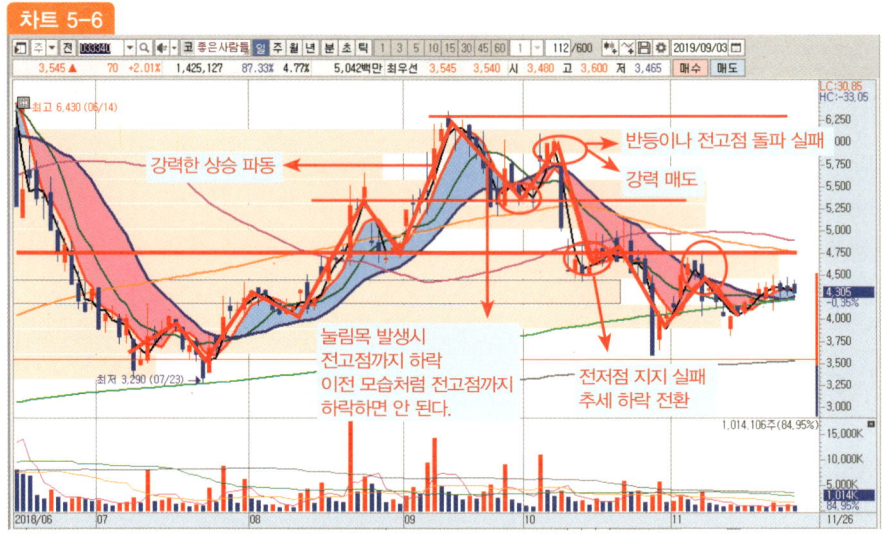

그렇다면 반대로 보유자의 입장이라면 어떨까?

당연히 급등주에 있어 5일선은 1차 분할 매도로 일보 후퇴하는 단기 생명선과 같다.

앞서 3일선 세팅을 하고 더 빠른 변동성 매매를 하는 주식투자자도 있겠지만, 3일선 트레이딩은 모니터 앞에 붙어서 계속 분봉과 함께 관찰을 해야 하기 때문에 집중이 필요하다. 3일선 트레이딩은 큰 수익을 내기는 힘들다. 간혹 장중 변동성에 의해 5일선을 잠시 이탈할 때 호가창이나 분봉 물량을 체크해 보면 개인의 매도, 단타꾼들의 물량 받기 등도 볼 수 있으므로 큰 변동성 장세가 아니라면 3시 이후의 종가 부근까지 보고 판단하는 것도 좋다.

그러나 만약 아침 시가가 5일선과 이격이 크게 나오면서 급등 후 음봉과 함께 5일선이 위태롭다면 굳이 장대음봉까지 기다릴 필요는 없다.

상황에 맞게 전일 종가, 시가, 저점 등을 고려하면서 유동적인 대응을 하도록 하자.

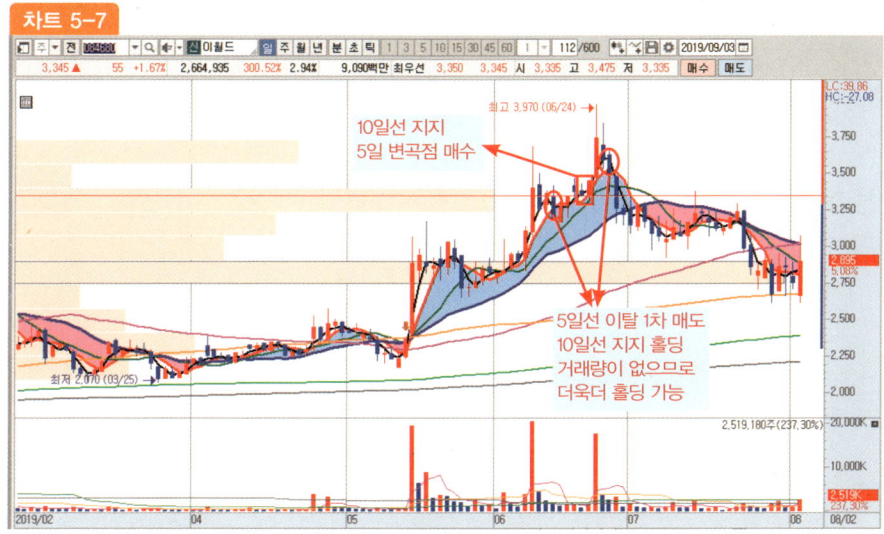

- 10일선 급등주 대응 --> 전면 항복 백기(白旗)선

급등주에 있어 10일선은 전면 항복 백기(白旗)선이다.

상황에 따라 백기는 여러 가지 뜻으로 쓰이나, 군사적 의미로는 정전이나 회의 요청 또는 항복, 상대에게 굴복하는 것을 비유하는 표현이다.

주식 매매에 있어 투자자는 시장에 이기려고 할 필요는 없다. 순응하고 상황에 따라 대응하면 되는 것이다.

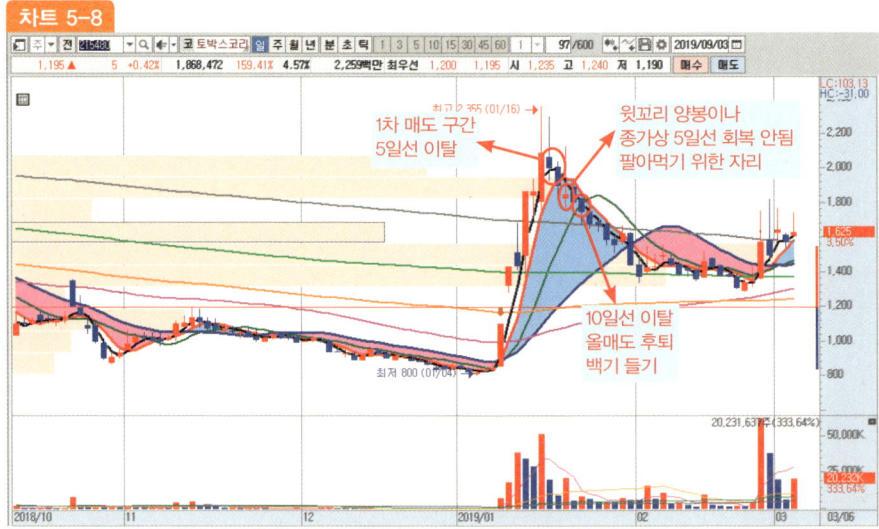

급등주에 있어 5일선이 일보 후퇴 생명선이라면 생명을 지키기 위해 일단 일부 수익을 챙기고 후퇴를 한다.

주가의 흐름을 살피며 물량을 줄인 상태에서 10일 이평선을 종가상 이탈하는 흐름이 나온다면 일단 올매도가 정상적인 원칙이다. 만약 거래량이 수반되지 않은 이탈이고, 내 매수가가 아주 저점이라면 남은 물량 중 한번 더 분할 매도를 할 수 있겠으나, 내가 결코 유리하지 않은 위치라면 일단 수익을 챙기는 것이 고점 매도 원칙이다.

급등주 10일 백기 들기 이후 추가 하락이 없다면 눌림목일 수 있다.

재매수 관점은 20일선 공격선이다. 매매에 있어 5일선과 20일선은 중추적 역할을 한다.

필자는 오래전 주식을 처음 배우면서 초단타를 할 때 오로지 5일, 20일 이평선만 설정하고 매매했다.

복잡한 기법과 보조지표, 방대한 지식이 한편으로는 기본 주식 매매의 원칙을 흐려버리는 경우도 많다. 주식은 가장 단순한 논리, 즉 '싸게 사서 비싸게 팔자', 그 원리만 이용하면 된다.

급등주에서 20일선 지지 또는 살짝 눈속임을 위한 이탈 후 반등은 재매수 구간이다.

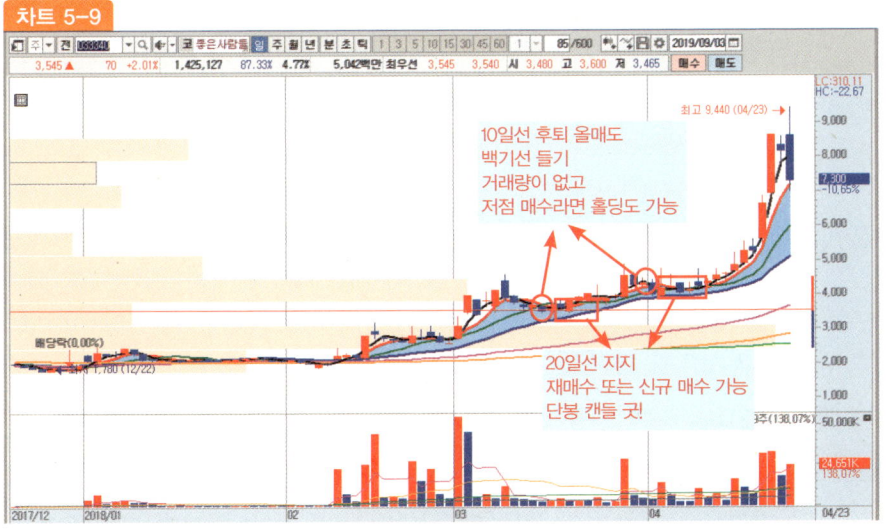

03
쌍봉과 삼봉의 물량과 높이에 따른 해석 및 매도 원칙

주가의 흐름은 상승을 한다고 해서 무조건 우상향 직진만 나오지도 않고, 하락을 한다고 해서 우하향 직진만 나오지는 않는다. 그래서 앞서 미리 추세와 추세대를 공부했고, 파동에 의해 하락장과 하락 추세에도 수익이 나는 원칙을 공부했다.

그렇다면 일관되게 움직이던 방향성은 어느 시점에서 전환되고 꺾이는 것일까?

앞서 캔들, 거래량, 이평선 등 여러 가지 미리 암시되는 것들을 습득했다.

주식은 확률 싸움이다. 정답이 없고 100% 완벽이란 절대로 없다.

상승할 수 있는 많은 경우의 수를 모아서 가장 많은 조건이 나오는 종목, 반드시 리스크가 크지 않아야 하는 종목, 이런 종목을 골라야 한다.

매수도 중요하지만 무엇보다 중요한 것은 매도이다.

저점 매수도 중요하지만 고점 매도는 더욱 중요하다. 이번 단원에서는 추세, 즉 방향성이 꺾이는 종목의 매도 포인트, 절대 매수하면 안 되는 포인트를 공부해 보도록 하자.

1) 쌍봉의 매도 원칙

주가는 상승이든 하락이든 기준점이 있다. 바닥이라고 하는 것도 기준이 있어야 현재의 가격이 바닥인지 알 수 있다. 고점도 역시 마찬가지이다. 무엇 대비 고점이고 기준이 무엇인가?

이 기준 가격은 종목의 흐름, 매수한 기준 또는 시장의 변동성에 따라 조금씩 다르게 잡을 수 있지만, 대략 전고점, 전저점, 최근 시가, 종가, 이평선 매매를 했다면 5/10/20/60 이평선, 또는 매물대 등으로 잡을 수 있다.

주가가 급등하고 있을 때 상승 파동에서 고점을 파악하는 가장 핵심 원리는 전고점 돌파 여부이다.

이 구간에서 쌍봉, 즉 2개의 고점이 형성되는데, 이번 고점이 지난 고점 가격대를 돌파하느냐에 따라 보유와 매도의 관점이 갈리게 된다.

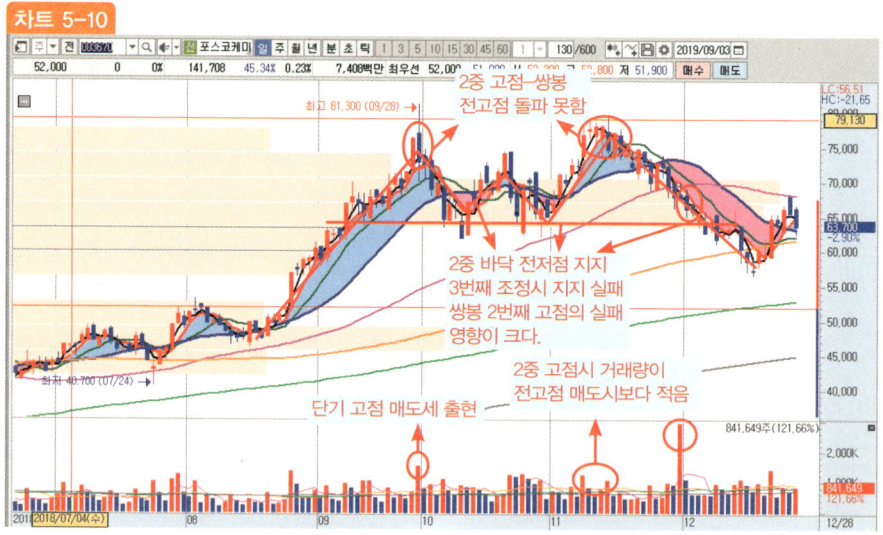

　위와 같이 2018년 9/28일 고점에서 장대음봉과 매도 물량이 출회된다. 이후 주가 하락과 함께 20선 이탈이 반등 시에 나오지만 전고점에 실패한다. 작은 파동 이후 다시 하락하면서 2중 바닥이 나오고 전저점을 지지하지만, 11월 상승 시 매수세 부족, 11/9일 고점에서 다시 매수세 부족, 11/14일 고점에 대한 부담으로 다시 매도세가 출현된다.

　전고점을 돌파하지 못한 주가는 3번째 눌림목을 지지하지 못하고, 11/30일 저점을 이탈하면서 대량 매도세가 출회된다. 그리고 주가는 전저점 지지에 실패하면서 120이평선까지 급락한다.

　이것이 이중 고점, 즉 쌍봉의 원리이다.

2) 삼봉의 오른쪽과 왼쪽 어깨 원리

2중 고점의 마지막 마무리가 바로 3중 고점이다. 3봉 파동의 원리에서 보면 고점에서 가운데가 가장 고가권이고, 왼쪽 고점보다는 하락하는 오른쪽 고점의 가격대가 낮다.

만약 오른쪽 고점이 더 높다면 추가 상승도 기대해 볼 수 있으나, 오른쪽 고점이 낮은 3중 고점 삼봉 출현 시에는 열에 아홉은 주가가 급락한다고 예측하면 된다.

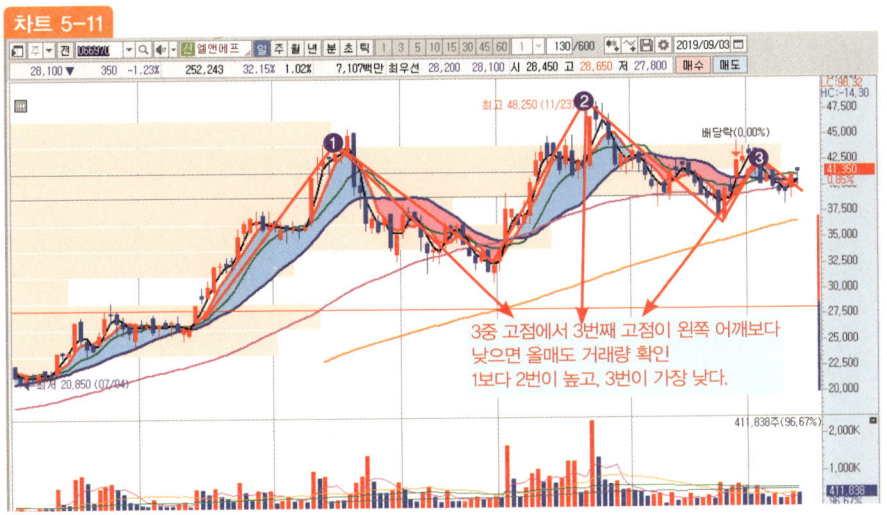

3중 고점 삼봉의 특징은 가파르게 상승하던 60일선의 상승 각도가 무너지고 아주 정직하던 정배열도 서서히 흐트러지기 시작하면서 이평선 간의 이격도도 줄어들고 20일선의 각도 또한 무너진다.

보유자의 관점이라면 전고점을 돌파하지 못하면 매도 전략이며, 신규는 접근 금지 구간이다.

04
매도가 꼭 필요한 갭(Gap)의 원칙

일반적으로 갭(Gap)은 봉 차트에서 주가가 어느 특정일에 갑자기 폭등하거나 폭락함으로써 종가와 시가 등 주가와 주가 사이에 거래가 이루어지지 않은 가격대가 생기게 되는데, 이 빈 공간을 주식에서는 갭이라고 한다.

그렇다면 갭은 왜 발생할까? 지금까지 형성되어 오던 매도세와 매수세 사이의 균형이 어느 한쪽으로 치우치면서 강한 탄력을 받았기 때문이다.

갭은 그것이 하락 쪽이든 상승 쪽이든 그 종목의 가격 형성에 큰 변화가 있을 것을 예고하는 흐름이다. 갭이 발생된 빈 공간은 거래가 이루어지지 않았기 때문에 특정 가격대는 물량이 없다. 따라서 이 갭은 상승과 하락에 있어 중요한 지지선과 저항선 역할을 해준다.

갭을 이용한 급등주 따라 잡기 기법은 다음 파트에서 상세히 소개하겠다.

그리고 한국경제TV 와우넷(http://www.wownet.co.kr/) 전문가 무료 방송을 통해 간간히 기법에 대한 교육을 하므로 참고하기 바란다.

상승 추세에서 발생한 갭은 강력한 지지선 역할을 하며, 하락 추세에서 발생한 갭은 강력한 저항선 역할을 한다.

하락 추세든 상승 추세든 갭은 메워지는 구간에서 그 효력이 없어지므로 하락 추세에서 갭을 메우면 강력한 상승으로 전환될 수 있고, 상승 추세에서 다시 주가 하락이 나오면서 상승했던 갭까지 메우게 된다면 더 이상 주가는 단기적인 상승 탄력을 받기 힘들어진다.

결국 갭이 일단 채워지면 그 갭은 상승갭이든 하락갭이든 더이상 갭으로서의 의미는 없다.

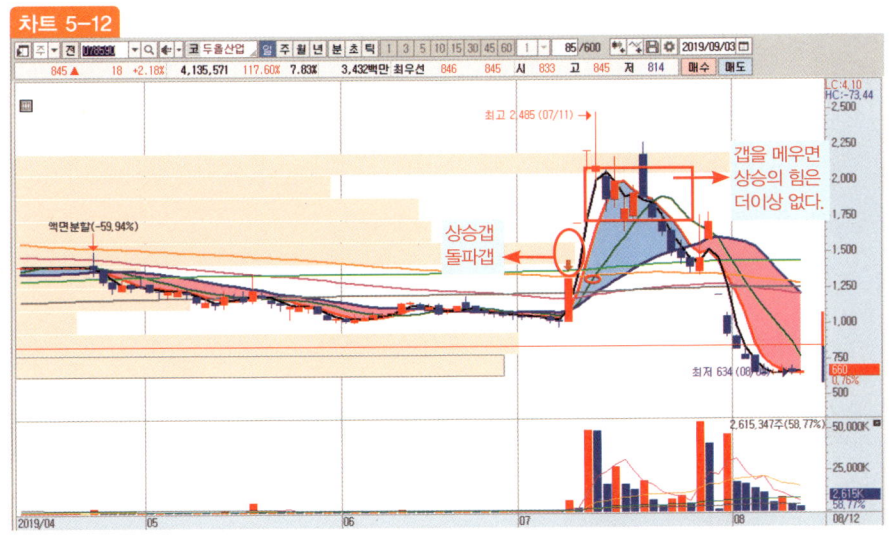

05

각 분봉을 이용한 강력한 매도 급소 원칙

일봉에 강력한 매도 급소가 있듯 주봉, 월봉, 또는 빠른 매매를 위해서는 분봉에도 기준에 따라 매도 급소가 출현한다.

급등주에서 각 분봉의 지지 라인을 설정해서 보는 방법을 익혀 두면 급락시 매물에 당하거나 큰 리스크는 피할 수 있다.

특히 단타, 데이트레이더는 각 분봉에서 매도 물량이 출회됐는지, 고점에서 출회된 물량과 저점에서 출회된 물량을 체크하면 정작 주가 시세가 단기에 끝났는지의 여부도 알 수 있다.

물론 단기 매매에 더욱 적합하겠지만 중기 매매 관점에서도 분봉을 잘 적용하면 고점 매도가 가능하다.

각자의 매매 관점과 보유 기간에 따라 분봉을 통한 고점 매도 기법도 배워 보도록 하자.

1) 30분봉을 이용한 매도 급소

앞서 분봉의 매수 원칙에서 30분봉의 매수 포인트를 공부했다.

매수는 저점 매수가 중요하며, 매도는 당연히 고점 매도가 중요하다.

우리가 매수 시 5분 변곡점을 이용했던 것처럼, 매도 시에도 30분봉에서 5이평선 이탈을 이용한다면 절대로 당일에 상한가를 맛볼 수 없을뿐더러 큰 수익보다는 잦은 매매만 하게 될 것이다. 30분봉에서는 굳이 매도에 5이평선을 이용할 필요는 없다.

30분봉의 가장 큰 장점은 저점 공략이 가능하고, 급등 매수 급소를 포착할 수 있다는 것이다. 대체로 역배열 마지막 구간에 매수 급소가 나타난다. 이를 반대로 적용해서 정배열에서 역배열로 전환되려는 타이밍을 매도 급소로 보면 된다.

스윙 매매에서 30분봉이 중요한 이유 중 하나는 일봉상의 3일선, 5일선과 같이 중요한 역할을 하기 때문이다. 30분봉의 10이평선은 심리적인 지지선이고, 20이평선은 생명선이며, 60이평선은 최후 적전지이다.

스윙 매매 관점에서 30분봉의 20이평선은 생명선과도 같다.

20이평선을 크게 이탈하지 않고 파동에 의해 움직인다면 홀딩이 가능하고, 트레이딩 관점으로 추세만 깨지지 않는다면 30분봉에서 5이평선 변곡점 매수 20이평선 눌림목 파동 매매를 반복해도 좋은 매매 원칙이 된다.

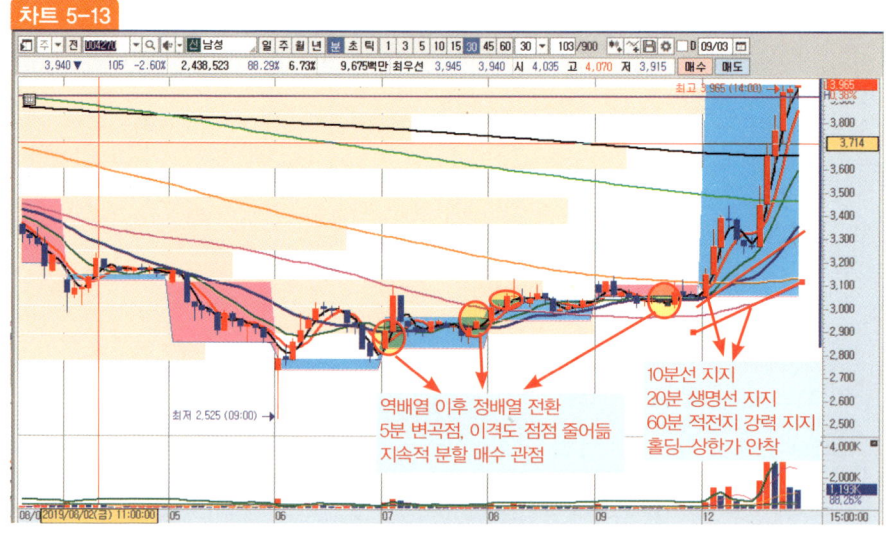

2) 5분, 10분봉을 이용한 매도 급소

　10분봉을 기준으로 매매할 경우에는 5분봉과 같이 볼 필요가 있다.
　두 개의 분봉은 어차피 같은 패턴으로 움직이는데, 5분봉은 좀 더 빠르고 디테일하며 정교하다. 10분봉은 조금 여유가 있지만 30분봉보다는 즉각적으로 움직일 수 있는 특성이 있다.
　아주 저점 매수자라면 당연히 좀 여유 있는 관점이 좋고, 고점 추격 매수나 파동을 이용한 탄력적인 잦은 매매를 원한다면 5분, 10분봉 매매 기법을 알아 두도록 하자.

　5분, 10분, 30분봉은 급등주 또는 스윙 매매에서 꼭 필요한, 그리고 체크해야 할 중요 분봉이다.
　5분봉, 10분봉은 흐름상 2중 바닥 또는 3중 바닥을 만든 후 전저점 지지 흐름이 출현되면서 5이평선 변곡점 또는 3이평선과 10이평선의 골든크로스가 출현되면 저점 매수 포인트다.

그러나 위 30분봉과 마찬가지로 매수 급소를 이탈한다고 바로 매도를 치면 절대로 급등주의 고점을 맛보지 못한다.

뒤에 언급할 초단타 1분봉에서 언급하겠지만, 1분봉을 제외한 분봉은 각 캔들의 거래량보다는 저항선과 지지선의 흐름을 살피고 추세 대응을 하면 급등주의 고점을 쟁취할 수 있다.

5분봉, 10분봉에서 20이평선은 심리적 지지선이며, 60이평선은 생명선, 120이평선은 최후 통첩 적전지이다.

빠른 매매나 고점 매수라면 굳이 120선까지 홀딩할 필요는 없다.

20이평선 이탈시 50% 매도, 60이평선 이탈시 올매도 후 120이평선 지지 여부를 살피고, 회복 시 재매수하는 관점도 좋은 상승 추세 파동 매매이다.

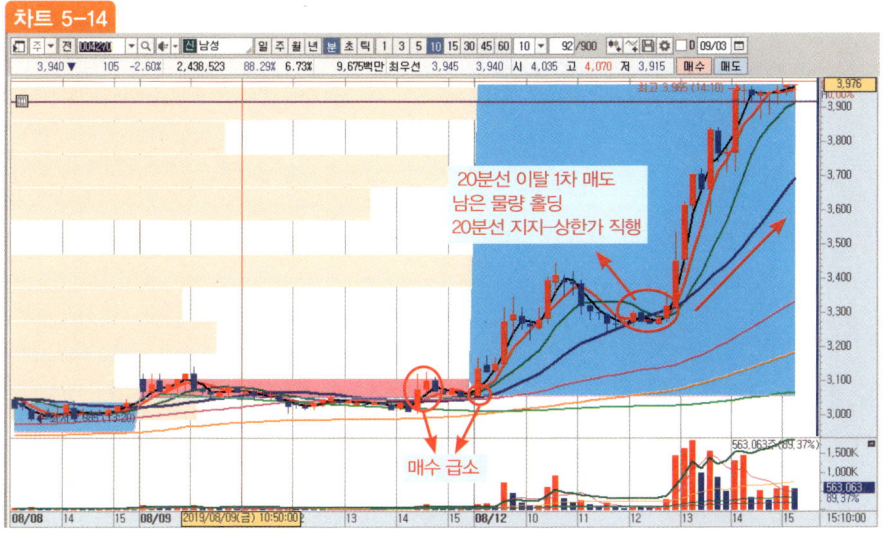

3) 초단타를 위한 1분봉 꿀팁 매도 원칙

1분봉 매도 기법은 정말 필자가 아끼고 아끼는 초단타 매도 기법이다.

지금까지 이 원칙에서 벗어난 종목은 거의 10개 중 1개 정도였다.

앞서 설명한 5분, 10분, 30분봉은 거의 이평선과 저항선 지지선 위주로 대응을 했지만, 1분봉은 저항, 지지보다 더 중요한 매도 원칙이 있다. 바로 거래량이다.

1분봉에서는 각 분마다 대량 매도가 발생하는지와 매도 물량 출회가 고점에서 있는지, 저점에서 발생하는지를 반드시 챙겨 봐야 한다. 그리고 큰 추세를 보면서 대응하면 1분봉을 통해 얼마든지 스켈핑도 가능하고 고점 매도도 가능하다.

단 1분봉 매매 시에는 호가창도 꼭 같이 봐야 한다.

단타 매매의 심리는 호가창에 숨어 있으므로 장중 호가창의 흐름을 통한 보다 상세한 기법은 추후 아래에 링크되어 있는 방송을 통해 정교한 호가창 심리를 공부해 보면 도움이 될 것이다.

매수와 매도는 양봉과 음봉으로 간단히 파악한다.

양봉은 매수하고자 하는 심리가 강해서 결국 시가보다 플러스 마감된 것이고, 음봉은 매도하고자 하는 심리가 강하므로 시가보다 하락해서 마이너스 권에서 마감된 것이다.

1분봉에서도 이 흐름을 체크한다. 주가 상승 과정에서 고점에서 장대음봉과 대량 매도세가 나온다면 단기적 매물 출회이다.

특히 고점 매도는 이미 선취매한 주포들의 물량인 경우가 많다. 일봉상 상승 과정 중의 발생이라면 손바뀜의 흐름일 수도 있다. 강력 매도 구간이다.

그러나 고점에서 매도 물량이 없는 가운데 신규 매수 부족으로 주가가 장중에 조금씩 하락한다면 홀딩이다. 특히 단타 매매가 종료된 10시 30분 ~2시 사이는 특히 거래량이 소강상태인 시간이므로, 이 시간대의 주가 흐름은 아침 저점을 지지하는지의 여부와 갭하락, 갭상승의 자리, 돌파와 지지 여부만 체크해주면 된다. 최종 주가의 흐름은 2시 30분 이후 확인한다.

대부분 고점에서 매도 없이 하락하는 종목은 저점에서 중요한 가격대를 이탈할 때 매도 물량이 출회되는데 한번 생각을 해보자.

만약 당신이 세력이라면 매도 시의 고점을 선택하지 저점을 선택하지는 않을 것이다. 개인들은 버티고 버티다 심리적으로 불안한 상태 또는 종가 부근 미수 물량이나 신용 물량을 매도할 때 저점에 던지게 된다.

1분봉의 이러한 심리를 잘 이용하면 하루 한두 종목은 3%에서 크게는 상한가까지도 바라볼 수 있다.

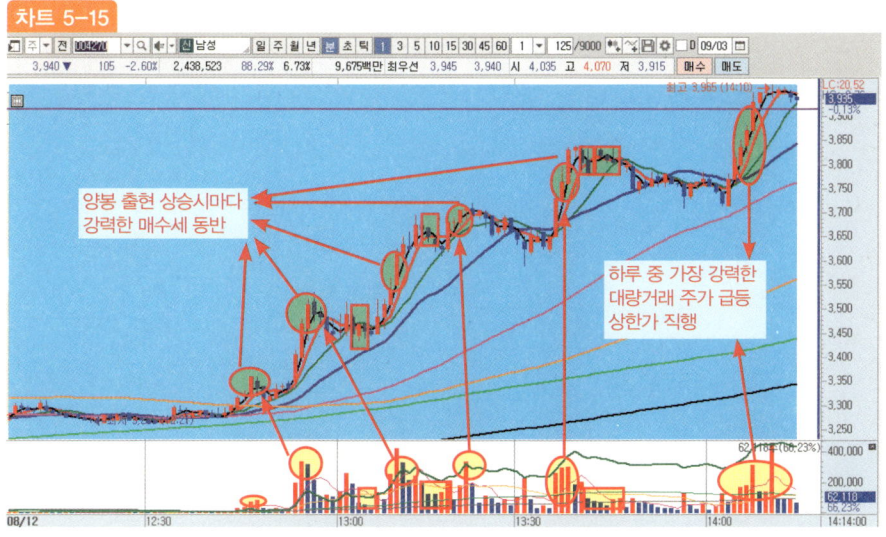

지금까지 초단타나 스켈핑, 데이 매매하는 전업투자자들의 1분봉 매매 꿀팁까지 공부했다.

이제부터는 본격적인 수익 매매 기법을 공부해 보도록 하자.

거래량은 주봉, 일봉, 분봉에서 가장 중요한 잣대이다. 바로미터라고도 불릴 만큼 심리가 숨어 있으므로 거래량의 파악은 꼭 기술적 기법에서 마스터 하도록 하자.

Part 6.

수익을 얻는 다양한 매매 기법

오늘 주식시장에서 벌어지는 일은 이전에도 있었던 일이고,
앞으로도 다시 반복될 것이다.

- 제시 리버모어

주식투자를 하고, 매매를 하는 이유는 수익이다. 많은 기법들이 나와 있지만 가장 중요한 것은 나만의 기법을 찾는 것이다.

너무 많은 기법과 종목을 섭렵하려고 하지 말자.

내가 잘하는, 즉 내가 수익을 낼 수 있는 기법을 익히는 것이 그 무엇보다 중요하다. 두세 개만 완벽하게 익히고 있어도 시장 상황에 맞게 적용시켜 수익을 낼 수 있다.

01 핑크퐁 기법

　주식투자는 수익을 위한 재테크 수단이다. 앞서서 많은 기초적인 원리를 공부했지만 직접 실전 매매를 하는 기법도 아주 중요하다.
　기존 출간 도서나 여러 언론 매체를 통해 많은 기법들이 소개되어 있지만 나에게 맞는 두세 개의 기법만 마스터하면 시장 상황에 맞게 수익을 내는 매매를 할 수 있다.

　예전에는 정배열 종목을 매수해야 한다고 배웠지만, 요즘은 시장도 기법도 많이 영악해졌다. 이미 대시세 급등주가 아니면 정배열이 시작되는 구간에서는 조정이 나오게 되고, 수익을 실현하고자 하는 욕구가 많이 생기게 된다. 이미 정배열로 전환된 주식은 타이밍이 늦은 것이다.
　이 책을 읽은 독자는 이제 정배열 종목은 꼭 필요한 구간이 아니면 매수 종목에서 제외하고, 역배열 말기 종목을 매수하도록 하자.
　각 증권사마다 신호를 입력할 수 있다.

차트에서 5일선과 20일선이 골든크로스 발생 이후 정배열 자리는 블루오션이라고 칭하고, 5일선과 20일선의 역배열 자리는 핑크오션이라고 한다.

필자의 기법이기는 하지만, 앞으로 우리는 핑크오션의 마무리 자리에서 매수하도록 하자.

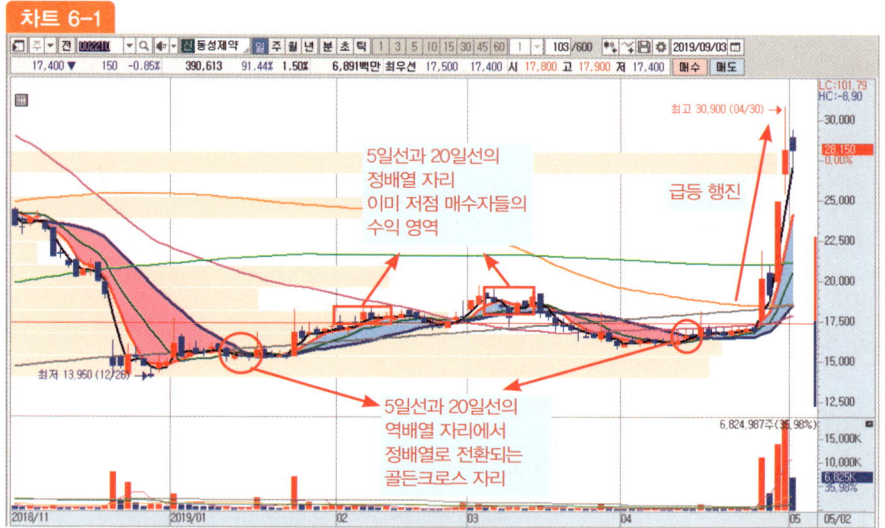

동성제약에서 보듯 2019년 1월 20일선과 5일선의 역배열 이격도가 큰 상태에서 주가가 추가 하락없이 횡보 또는 상승하면서 하락하던 20일선은 하락 기울기를 마무리한다. 5일선은 우상향되며 주가와 함께 핑크오션이 확 줄어드는 자리가 매수 급소이다.

이미 2월과 같이 정배열이 된 자리는 급등이 아니면 다시 하락을 준비하는 단계이다. 거래량을 보면 이 종목이 급등이 나올지 아닐지를 파악할 수 있다.

2019년 4월에도 정배열에서 단기 역배열 전환 후 다시 핑크오션이 나오면서 매수 급소가 탄생했다.

　4월 말부터는 대량 거래가 출회되면서 급등이 탄생했는데, 이전 주가의 흐름에서 끼가 있던 종목이고, 큰 매집 이후 매도 물량이 다 출회되지 않았으므로 급등이 나올 수 있다.

02 헤라 기법

헤라? 아마도 이 글을 읽는 주식투자자들은 '헤라 기법이라고?' 주식 기법 중에 그런 기법이 있을까 고개를 갸우뚱하겠지만 세상에 공개된 무수히 많은 기법 중에 아마도 이러한 이름의 기법을 소개하는 사람은 없을 것이다.

헤라는 A 화장품 브랜드가 아닌 그리스 로마 신화의 인물이다.

헤라는 결혼과 출산, 가사의 여신으로 신들의 여왕이었다.

크로노스와 레아의 딸로 올림포스의 주신(主神) 제우스의 누이이자 아내이기도 한 올림포스의 여신 중 최고의 여신이다.

바람기가 많았던 제우스는 결혼 후에도 수많은 여신들과 님프, 인간 여인들을 넘보았다.

결혼과 가정의 수호신인 헤라는 제우스의 이런 행동을 그냥 넘어가지 않았는데, 제우스의 사랑을 받았던 여인들과 아이들에게까지도 복수를 하는, 소중한 가정의 평화를 파괴하는 어떠한 행동도 단호히 처벌하는 여신이다. 단신이면서 가정을 지키려는 강한 여성의 본능을 가진 헤라.

필자의 회원들은 이 기법을 설명하면, "오케이, 매수해라!"라고 받아들인다. ^^

지금부터 그 기법을 공부해보자.

헤라 기법은 일봉에서 단봉의 캔들, 즉 시가 대비 5% 이하의 상승을 한 양봉이 이동평균선 3개 이상을 관통하는 모양이다. 단봉의 캔들로써 이평선 3개 이상을 관통한다는 것은 그만큼 시너지가 충분하고 에너지를 응축했다는 의미이다. 이렇게 양봉이 나오면서 이평선을 돌파하려면 매수세가 유입되어야 한다.

이평선의 종류는 크게 상관없지만, 이왕이면 3/5/10 또는 5/10/20 일때 단기이평선의 돌파가 가장 좋은 모습이다. 단기 이평선이 5% 안에 통과하려면 이평선들은 이미 수렴되어 있어야 하고, 방향성 모색을 할 것이다.

단기 이평선이 3개 이상 통과할 때는 위 핑크퐁 매매처럼 정배열보다는 정배열에서 단기 역배열 이후 다시 정배열로 바뀌는 구간에 골든크로스와 5일선 변곡점이 출회될 때 헤라가 발생하는 경우가 많다.

매수 급소는 헤라의 경우 5% 미만이므로, 거래량 증가와 헤라 당일 자리에 1차 매수 다음날 헤라의 고점을 돌파했을 때 2차 매수 또는 거래량 없는 조정이 나온다면 헤라의 저점 지지가 좋다.

헤라 발생 시 윗꼬리와 아래꼬리는 짧을수록 좋다.
이미 윗꼬리가 발생했다는 건 시세가 장중에 한번 나왔다는 의미이고, 단타꾼들이 시원스럽게 당일 일당은 벌고 나간 자리인 것이다. 아랫꼬리가 길다는 건 저점 매수자들은 이미 수익이 났으므로 주가가 조금만 상승해도 매도하려고 대기 중일 것이다.

초보들은 아래꼬리가 긴 종목이 매수의 힘이 크다고 생각하겠지만, 이미 그 종목은 수익 구간에 있는 매수자들이 매도 대기하고 있다는 판단 하에 매도 물량 출회를 살피면서 대응해야 한다.

아침 9시 30분전 거래량 동반 헤라 발생 시는 매수 급소이다.

크리스탈은 1월에 1차 헤라가 발생했으며, 3/5/10 단기 이평선을 돌파하고, 종가가 4% 가량 상승했다. 이미 아침에 시작돼서 하루 10% 가량 데이 매매가 가능하게 상승했으며, 종가가 4%대에서 마무리됐다.

2번째인 2월 달엔 3/5/10/20 이평선을 상향 돌파했으며, 60일선과 같은 자리에서 종가가 마무리됐다. 거래량 증가까지 동반되면서 정배열 이후 단기 눌림목이 발생한 강력한 매수 급소이다.

헤라 매수 기법은 아주 안정적인 구간이며, 손절 리스크가 적고, 적게는 5~10% 가량 수익을 낼 수 있으며, 급등주 탄생 시엔 50~100% 이상의 수익을 낼 수 있는 기법이다.

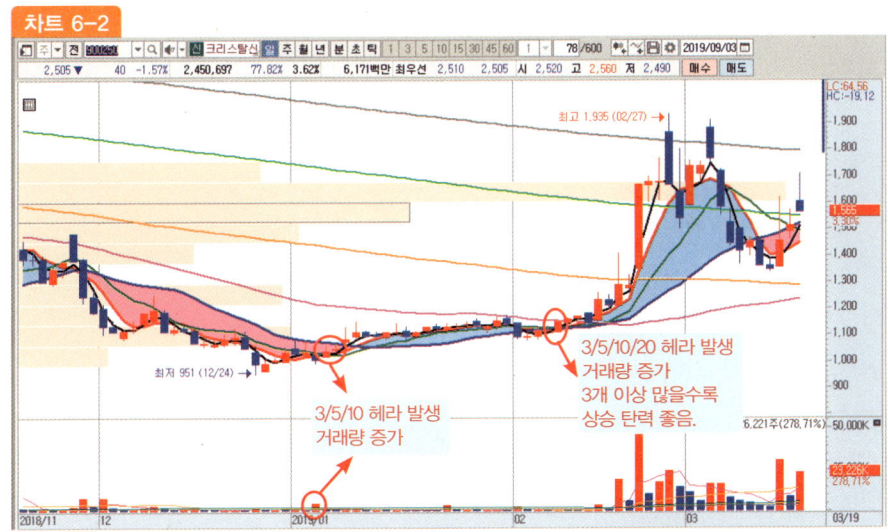

PART 6 · 수익을 얻는 다양한 매매 기법

03
고목나무의 매미-단타 기법

　이 기법은 이름에서 알수 있듯 큰 나무에 매미가 붙어있는 모습을 상상하고 만든 기법이다.
　급등주 또는 바닥에서 1차 상한가 종목 또는 윗꼬리가 있는 거래량 폭증 양봉 옆에 다음날 아주 작은 매미 같은 음봉 또는 양봉의 거래량 없는 단봉이 붙어서 하루 쉬어가는 큰 나무의 매미 모습을 나타낸 기법이다.
　바닥권에서 오랜 기간 조정을 받고, 1차 상한가 또는 장대 양봉 윗꼬리가 나오면서 시세의 시작을 알리는 패턴이다.
　이 기법은 단타 매매에 적합하며, 거래량이 아주 중요한 팁이다.
　첫 양봉의 종가와 두 번째 매미 단봉의 종가나 시가 등 의미 있는 가격을 서로 맞춰 주면 더 가능성이 있고, 상승 확률에 접근할 수 있다.
　두 번째 매매의 단봉은 위 아래꼬리가 형성되었지만 길지 않은 것이 좋다. 그만큼 변동성이 크지 않은 것이 좋다는 것이다.

차트를 보면 첫날 상한가 이후 상한가가 풀리면서 윗꼬리 종가로 마감하고 당일 거래량이 폭증한다.

다음날 음봉 캔들은 전일 종가에서 시작해서 살짝 윗꼬리를 달고 음봉으로 마무리되며, 거래량은 현저히 줄어든다.

매수 급소는 당일이지만, 매미에게 다소 위험 부담이 되는 구간이다.

다음날 시가에서 한두 호가 정도 밀리거나 시가를 저가로 지지하고 양봉 발생 시는 매수 포인트다.

거래량이 전전일 장대 양봉만큼 나온다면 아주 강한 양봉이 출현되면서 상한가도 출현될 수 있다.

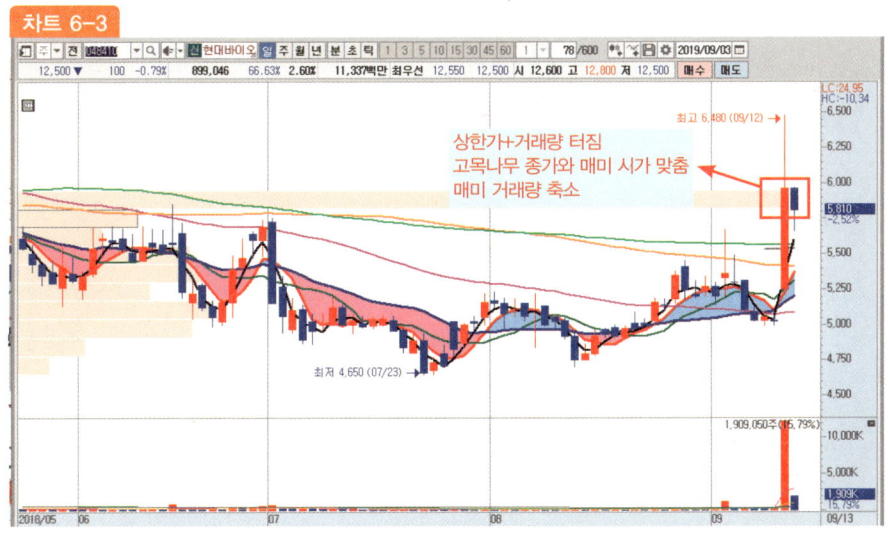

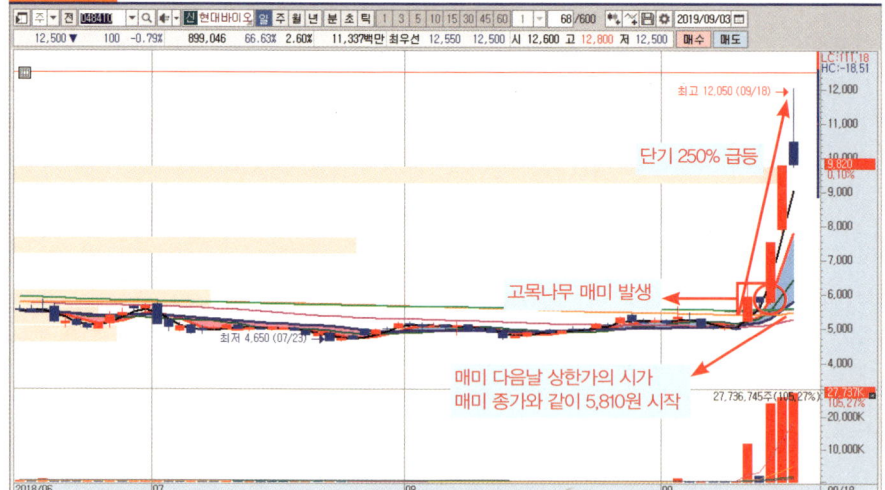

고목나무 매미 기법은 발생 전에는 횡보하고, 점진적인 거래량이 조금씩 일어나면서 신호가 나온다. 필자가 소개한 핑크퐁, 헤라 기법은 고목나무 매미 기법이 나오기 전에 자주 발생한다.

주식 매수는 수익을 낼 수 있는, 즉 상승할 수 있는 확률이 더 많은 종목으로 추려 나가는 것이다.

기법을 따로 소개했지만, 상승 전 이런 여러 개의 기법들이 출현된다.

04
가장 강력한 매수 매도 신호, 갭(Gap) 매매 기법

앞서 갭과 관련된 매도의 원칙을 설명한 바가 있다. 갭을 메울 때는 더 이상 갭으로서의 의미가 없기 때문이다. 먼저 매수 포인트를 알기 위해서 우리는 갭의 종류부터 알고 이해해야 한다.

1) 갭의 종류와 이해

갭은 주가의 흐름에서 특정한 가격대에서 매매가 이루어지지 않은 가격대를 말한다. 즉 주가와 주가 사이의 빈 공간이다.

전일 5,000원에 종가가 형성된 종목이 당일 아침 시가 6,000원에 시작해서 시가를 깨지 않고 6,300원쯤 종가가 형성되면서 양봉으로 마무리됐다면, 5,000원과 6,000원 사이 빈 공간을 갭이라고 한다.

일반적으로 갭이 발생한 빈 가격대는 거래가 이루어지지 않은 구간이므로 상승 추세의 갭은 지지선으로서의 강력한 역할을 해주고, 하락 추세의 갭은 강한 저항선 역할을 한다.

갭의 간격이 크면 클수록 저항과 지지의 힘이 강하다고 생각하면 된다.

먼저 갭을 이해하고 매수 포인트를 알아보도록 하자.

① 일반갭

갭이 발생한 구간에서 상승 흐름이 이어지다 주가 하락이 나오면서 10일 안에 상승했던 구간을 모두 메워버리게 되는데, 이와 같은 경우는 그냥 일반갭이라고 한다.

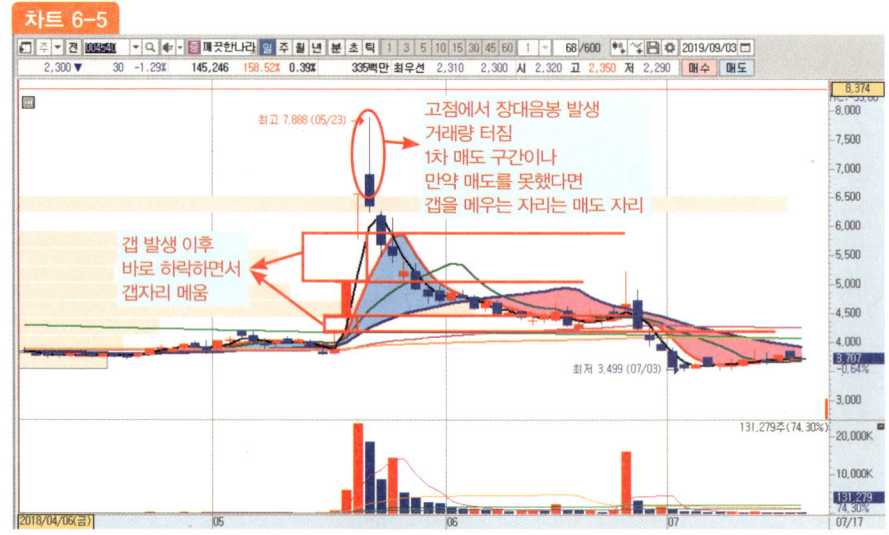

② 상승갭, 돌파갭

급등주의 시작점은 바로 상승갭이다. 상승갭은 장기 박스권 또는 바닥에서 횡보하던 주가의 흐름이 앞의 특정 의미 있는 매물대를 갭으로 돌파할 때 형성되는 갭으로, 앞서 공부한 일반갭처럼 메우지 않는다면 아주 강력한 상승 신호이다. 급등주는 상승갭이 발생하고 나면 오랜 기간 동안 상승갭 구간을 지지하려는 강한 힘이 있다.

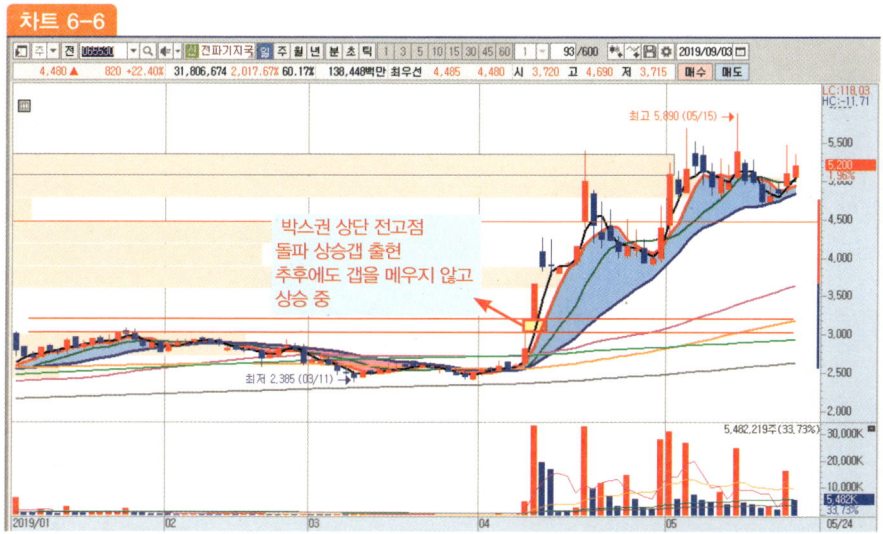

크리스탈 신소재 박스권의 흐름을 보이던 주가는 4월초 대량 거래와 함께 박스권 상단 상한가로 돌파한다. 첫 상한가 이후 중간갭이 출현되고, 주가는 조정이 나와도 첫 상한가 발생 갭 구간을 단기간에는 잘 메우지 않는다. 강력한 지지라인이 된다.

③ 중간갭

중간갭은 주가가 급등할 때나 급락할 때 발생하는 갭으로, 진행 방향으로의 움직임에 더욱 가속도를 붙게 하는 갭이라고 볼 수 있다. 자칫 가속도가 붙는다는 생각에 추격 매수를 할 수도 있으나, 심리적으로 과도한 구간이기 때문에 추격 매매는 자제하는 것이 좋다.

하락 추세의 중간갭이라면 갭 발생 시 강력 매도가 좋다.

　모나리자의 경우에는 하락 시 중간갭 하락 추세에서 갭 발생시 수익이든 손절이든 매도 구간이다.

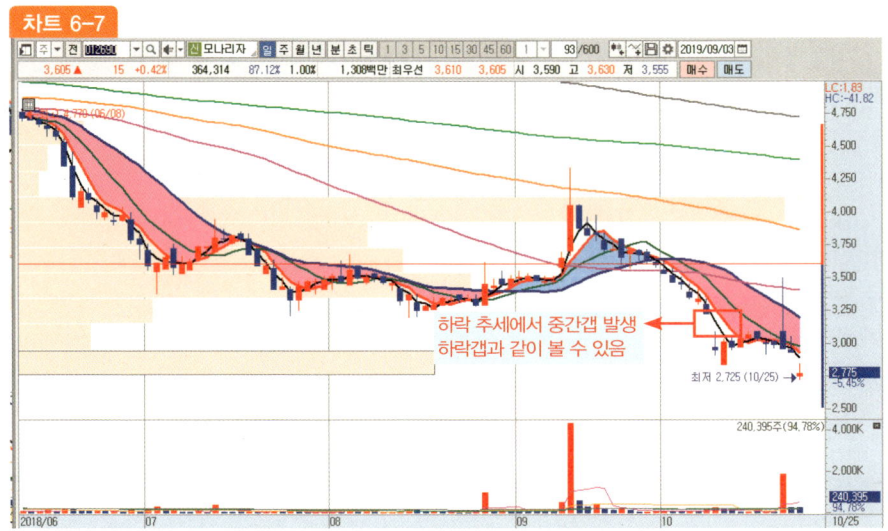

　상승 추세에서 발생하는 돌파갭 이후 중간갭은 기 보유자의 영역이다.
　기 보유자라면 매도할 필요 없이 중간갭을 지지라인으로 설정하고 홀딩하는 것이 좋으며, 신규 매수는 금지이다.
　유니온 차트처럼 중간갭을 지지하는 듯하지만 이미 상승갭 이후 과도한 기대 심리와 고점 매수자들의 불안감으로, 주가는 고점에서 거래량 동반과 함께 매도 물량이 출회된다.
　중간갭을 메우고 횡보하는 흐름이다.

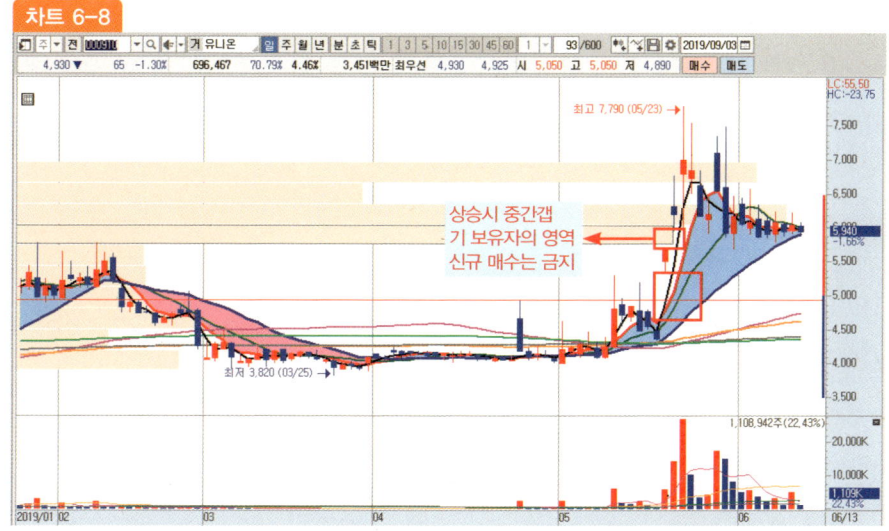

④ 하락갭

주식 매매를 하면서 몇 가지 경험해 보고 싶지 않은 것들이 있다면 가장 대표적인 것이 상장 폐지일 것이다.

거래 정지, 무상 감자 등 매매에 있어서 많은 위험의 경우들이 도사리고 있다.

차트에 있어서는 아침 시초가 갭하락 출발이 되면 참 절망적이다.

시장 전체의 큰 악재로 인해 대부분의 종목들이 하락 출발하는 전제 조건이 아닌 개별 종목의 악재로 인한 갭하락은 대부분 갭하락 발생 전 주가의 흐름이 하락 추세를 보이고 있거나, 횡보 흐름 가운데 전저점 지지 여부가 불안한 자리였을 것이다.

당연히 하락 추세에서 먼저 매도를 하는 것이 손실을 줄이는 가장 칼 같은 매매 원칙이다.

그러나 만약 안타깝게 매도 구간을 놓치고 보유자의 입장에서 하락갭이 출현됐다면 쩜 하한가가 아닌 이상 장중 기술적 반등은 나오게 되어 있다.

이 타이밍은 미련 없이 던져야 하는 매도 구간이다.

하락갭 구간이 강력한 저항선이 되므로 아주 강한 호재로 인한 대량 거래가 아니라면 주가는 하락갭 구간을 단시간에 회복하기가 매우 어렵다.

이렇게 간략히 갭의 종류와 이해를 공부해 보았다. 내용에서 알 수 있듯이 좋은 갭인 매수갭은 상승갭, 돌파갭이며, 피해야 할 매도갭은 하락갭이다. 일단 상승하는 갭이 나왔으나 갭을 모두 메운다면 더 이상 갭으로서의 매력적인 의미를 잃는 것이다.

2) 강력한 매수 신호, 상승갭, 돌파갭

핑크퐁 매매기법이나 헤라 기법을 이용한 최저점 매수 기법을 공부했지만, 이런 종목을 모두 섭렵할 수는 없다. 타이밍을 놓친 종목에도 강력한 급등 대시세가 나올 수 있는데, 그 타이밍을 잡기 위해 공부한 상승갭, 돌파갭 등을 이용해보자.

일정한 박스권의 흐름이 짧게는 1~3개월, 길게는 6개월 가량 지속되던 종목이 최근 점진적인 거래량 + 갭상승 출발 + 시가 지지 또는 한두 호가 하락 후 반등한다.

대부분 바닥권에서 출현되며, 첫 갭상승 이후 다음날도 갭이 발생하는 경우가 많고, 갭이 발생하고 음봉의 단기 조정이 나와도 갭상승 양봉의 종가를 훼손하지 않으면서 조정이 나온다. 강한 종목일수록 조정도 짧고, 첫 상승 이후의 조정은 가격 조정보다 기간 조정일 확률이 높다.

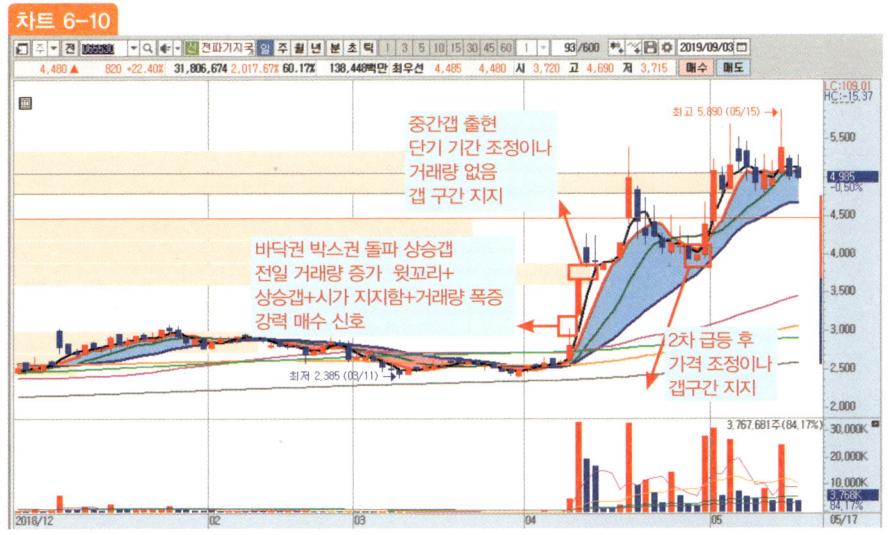

갭을 이용한 매수는 급등주의 첫 포문을 알리는 강력 신호에서의 매수 자리이다.

갭 발생 시 아래꼬리는 없을수록, 또는 짧을수록 좋다. 절대 갭을 단기간에 다시 메우지 않아야 한다는 조건이 따른다. 잘 이용하면 급등주 초기 가장 화려하게 접근할 수 있는 기법이므로 잘 익혀보고 내 기법으로 숙지하길 바란다.

05
고가권 놀이 패턴의 3가지 기법

필자의 매매 기법은 거의 저점 바닥권이다. 주식은 싸게 사서 비싸게 파는 게 원칙이다.

급등주는 1차 상승 이후 눌림목 구간을 이용하기도 하지만, 고가권 놀이 패턴은 바닥에서 장대양봉의 윗꼬리 이후 단기 대략 2~7일 사이에 조정이 나오므로 아주 쉽게 공략할 수 있는 기법이다.

고가권 놀이는 3가지 패턴이 있다.

각 패턴의 특징과 강도를 공부해 보도록 하자.

1) 고가권 놀이 1번

바닥권에서 대량 거래와 함께 장대양봉과 윗꼬리 출현 이후 며칠간 단봉의 캔들이 거래량 없이 발생하되, 첫 장대양봉의 종가를 지지 라인으로 봐야 한다. 장중 발생하는 위, 아래꼬리는 너무 길지만 않다면 무관하며, 종가 기준으로 첫 양봉의 종가 지지를 반드시 하자.

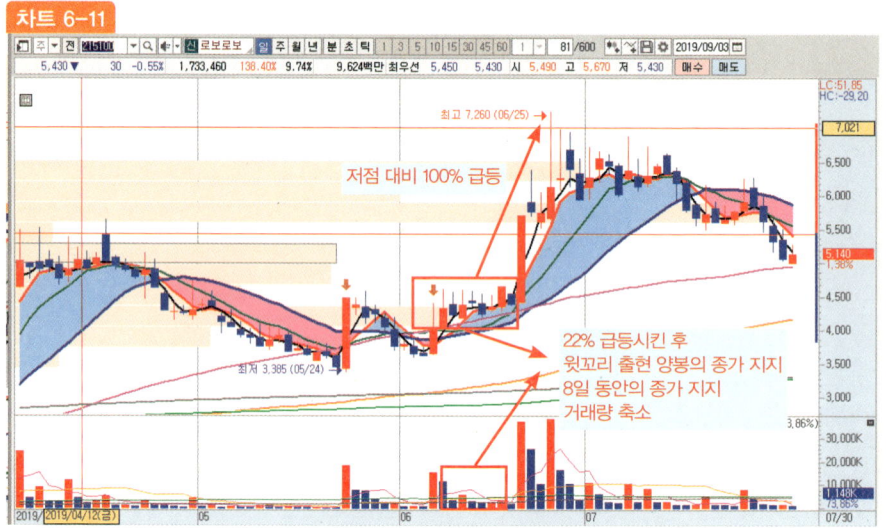

이 기법은 저점에서 대량 거래 급등 이후 상한가에 이르지 못하는 것에 대한 실망 매물이 나오면서 윗꼬리 출현으로 단기 투자자들의 단타 놀이가 나온다.

다음날부터는 전일 양봉의 종가를 지지해주는 강력한 가격 핸들링이 나오면서 단봉의 캔들로 최근 주가의 고점 돌파도 하지 않고, 시가 종가 고가 저가의 가격 관리가 이루어진다.

당연히 이 구간 거래량은 현저히 축소된 모습이 나와야 좋은 패턴이다.

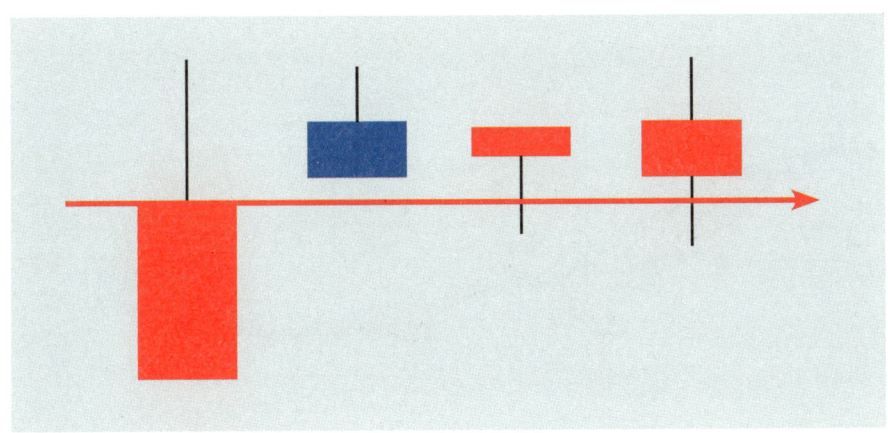

2) 고가권 놀이 2번

 2번 패턴은 1번 패턴과 유사하되 기준이 첫 양봉의 종가가 아닌 양봉 사이즈의 1/3 구간이라고 보면 된다. 첫 장대양봉 윗꼬리 이후 조정을 받는 과정에서 개인들의 심리를 불안하게 자극하기 위해 첫 양봉의 종가까지 이탈하면서 1/3 지점까지 주가를 하락시킨다.
 마찬가지로 조정 구간에서는 거래량 축소가 나와야 하며, 하락하는 가격 조정보다는 옆으로 횡보하는 기간 조정을 보이면서 고가권 놀이 종가 지지 흐름이 나와야 좋다.

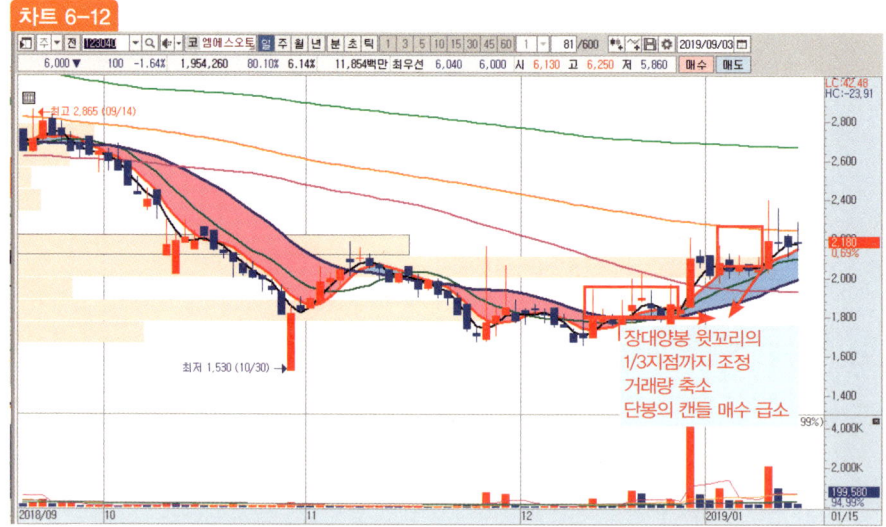

　첫 양봉의 종가를 이탈하기는 했지만, 의도적인 바가 충분하고 거래량이 완전히 축소 조정 구간에서는 아래꼬리보다는 윗꼬리가 많을수록 긍정적이다.

　윗꼬리는 추가 상승이 출현되지 않아 불안한 개인들의 물량이 매도세로 나오는 것이고, 개인의 물량이다 보니 거래량은 작고, 급락보다는 종가 관리의 모습이 나온다.

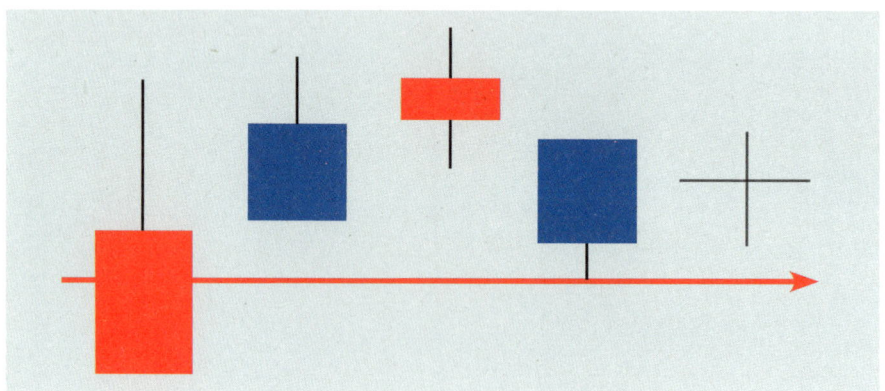

첫 양봉 몸통의 1/3 지점을 지지해 주는 횡보 구간의 종가. 거래량이 최저점을 찍은 후 증가할 때가 매수 급소이다.

3) 고가권 놀이 3번

고가권 놀이 3번 패턴은 2번의 패턴에서 횡보 조정 시 주가의 지지선이 첫 양봉의 1/2, 즉 50% 정도 지지 흐름이 나와야 한다. 만약 이 구간을 이탈한다면 양봉의 시가 부근까지 또는 그 이하까지도 하락할 수 있으므로 허리 라인이 지지되고 반등 시 분할 매수 구간으로 보는 것이 좋다.

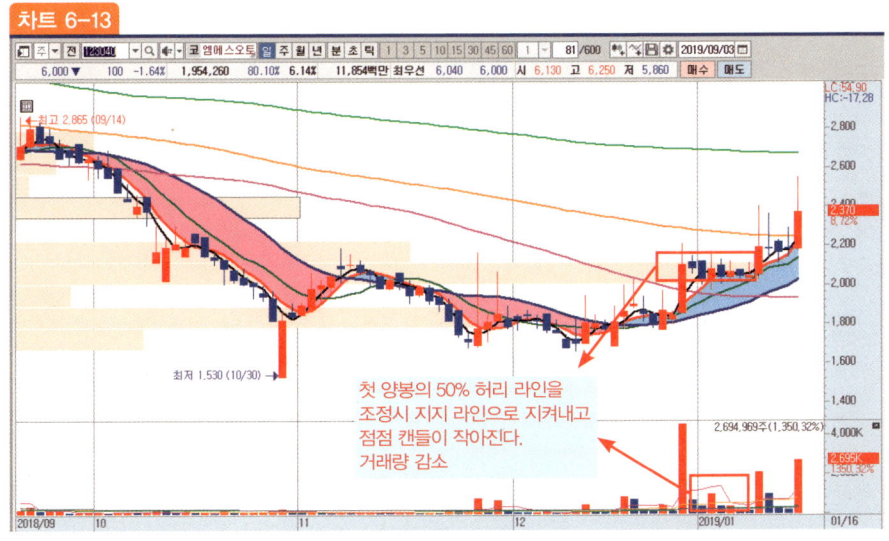

양봉의 윗꼬리가 짧을수록 고가권 놀이 3번이 나올 확률이 많다.
그 이유는 양봉 출현 시 매도세가 많지 않았기 때문에 윗꼬리는 짧고 무난하게 양봉이 큰 캔들로 마무리됐다. 그러나 개인 단타의 매도세들이 강

하게 출회되지 않았기에 다음 조정 시엔 양봉의 허리 라인까지 하락시키면서 매물을 받아내고, 점진적으로 캔들이 작아지면서 조정의 마무리를 암시한다.

매수 급소는 캔들이 현저히 작아지거나, 아침 시가에 전일 종가, 시가, 고가, 저가 등 의미있는 가격대에서 시작해서 거래량이 9시 30분에 급증하면 그날 주가 급등이 나올 수 있다.

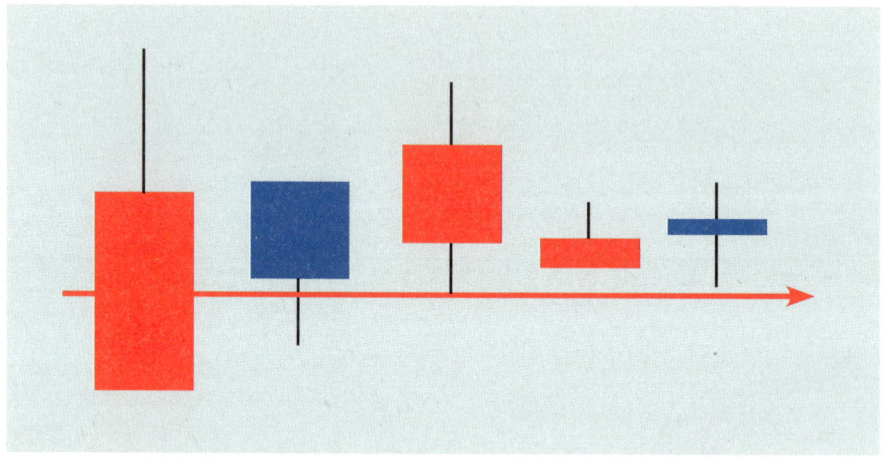

양봉의 허리 라인 50% 지지 후 캔들 크기가 작아지고, 거래량이 최저점을 찍은 후 증가할 때가 매수 급소이다.

06 급등주 상승폭에 따른 매매 기법

급등주의 경우, 주가 급등이 바닥에서 시작되고 난 이후에 주가가 절대로 우상향 지속 급등으로 직진하지만은 않는다. 개인 투자자들은 이런 눌림목 구간을 버티지 못하고 매도를 하거나, 고점에서 매수한 매수자들은 두려움에 손절을 하게 된다.

급등주는 바닥권 대비 상승폭에 따라 눌림목이 발생하게 되는데, 급등이 시작된 최저점 바닥 대비 상승률에 따라 급등주에 같이 동참하는 기법을 공부해 보도록 하자.

1) 급등 30~60% 눌림목

급등주의 1차 눌림목은 단기 주가 상승폭 30~60% 상승 이후에 발생하는 경우가 많다.

N자형의 가격 조정 눌림목으로 발생되는 경우와 기간 조정의 눌림목이 발생되는 경우 2가지로 볼수 있는데, 이 조정은 추가 상승을 위해서는 꼭 필요한 조정이며, 만약 거래량이 없다면 더욱 강력한 매수 급소 자리이다. 만약 상승 시 거래량이 많이 동반된다면 매집 세력의 부분 물량 손바꿈이라고 해도 무방하다.

가격 조정을 보이면서 한 단계 주가 하락 또는 숨고르기가 나오는 구간이 매수 급소이다.

이런 구간에 위에서 언급한 고가권 놀이 1, 2, 3의 기법이 발생할 수도 있다.

매수 급소는 조정 시 거래량 감소 후 점진적인 거래량 증가와 함께 눌림목 구간의 마무리가 이루어지는 변곡점 구간이다.

5일 이평선과 10일 이평선의 변곡점이 발생하며, 이 구간은 몇 개월 전 고점 양봉이나 갭을 채우기 위함으로 전고점에 물린 물량을 털어내기 위해 몇 달을 보유한 보유자의 손절 물량이나, 1차 급등 시 고점에 추격 매수한 물량들 또는 운이 좋은 단기 차익 개미들의 물량인 경우가 많다.

간혹 손바꿈이 이루어질 때는 1차 매집 세력의 부분 매도나 작은 세력의 물량이 출회된다.

2차 추가 급등을 위해서는 반드시 거래량이 필요하다.

몇 개월 전 급등 시 고점보다 더 많은 물량이 나오거나, 1차 급등 시의 매수세보다 더 강한 매수세가 유입되어야 본격적인 2차 급등이 나올 수 있다.

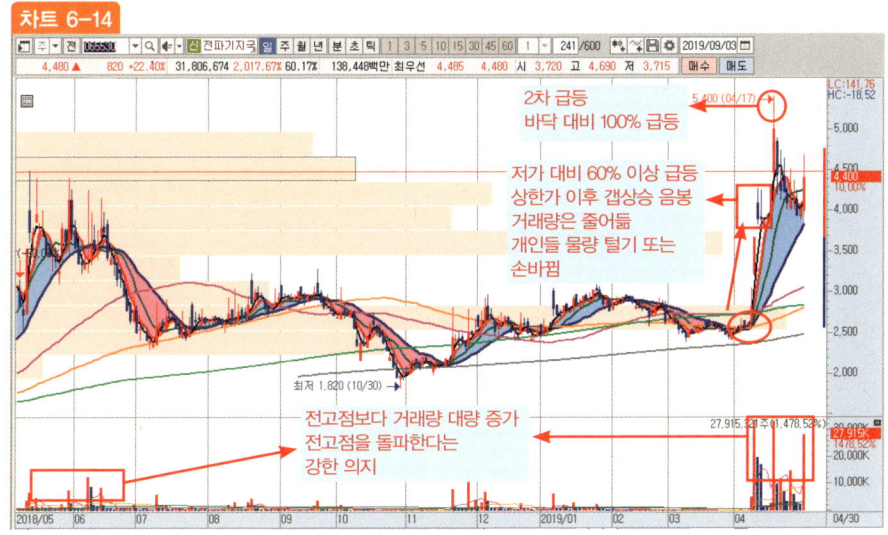

2) 급등주 2차 상승 후 30~50% 하락 가격 조정 공략

위 1)번의 경우는 저점 대비 30~60% 가량 급등 후 가격 조정보다는 기간 조정이 많이 출현된다.

고가권 놀이 1, 2, 3이 많이 나오게 되는데, 우리는 이 구간을 잘 버텨내고 매수 급소를 잘 잡으면 2차 급등의 큰 수익을 얻을 수 있음을 공부했다. 자 그럼 이런 종목은 1차 급등으로 마무리할까?

아마도 우리는 여기서 주가 상승이 끝날지도 모른다는 생각에 약간의 익절 또는 손절을 하고 보란 듯 2차 급등을 진행하는 주가를 보면서 허탈해하기 쉽다.

그렇다면 2차 급등이 진행된 주가는 또 어떻게 움직일까?

주식은 살아 있는 생물이다. 주가는 절대로 끊임없이 고공행진을 하지는 않는다. 오르면 내릴 확률이 커지고 내리면 오를 확률이 커진다. 테마주는 대장주가 바닥 대비 300~500% 급등 시 대장주를 시작으로 조정이 나온다. 물론 대선 테마와 정치 테마는 예외이다. 이러한 주식들은 1,000%씩 급등하기도 한다.

이렇게 저점 대비 적게는 100%부터 300~500%까지 급등하게 된 자리는 위험스러운 구간이기도 하고, 저점 대비 급등에 따른 부담과 차익 실현의 욕구가 강하게 분출된다.

이처럼 2차 급등이 진행될 경우 2차 급등 이후의 조정은 기간 조정보다 가격 조정에 염두를 두어야 한다. 그럼 이미 고점에 대한 부담으로 하락이 시작된 종목을 공략해야 할까 하는 의문을 갖겠지만, 주가의 흐름은 아무도 알 수 없다. 더 강한 3차 급등이 나올 수도 있고, 세력들의 매도를 위한 단기 기술적 반등만 출현될 수도 있다. 이런 주가의 자리를 큰 리스크 없이 공략하기 위해 급등주 2차 상승 후 고점 대비 하락률에 따르는 매수 기법을 배워보자.

매수 급소

고점 대비 30~50% 하락 후 더 이상의 추가 하락 없이 주가가 횡보하는 흐름이 나올 때의 이평선 위치를 살펴보자. 이격이 컸던 5일선과 20일선의 이격을 급락하는 가격 조정으로 좁히고, 다시 20일선이 완전히 5일선과 만나면서 이평선 수렴을 기다리는 과정이다.

이 과정에서 앞서 배운 혜라 기법이나 핑크퐁 기법이 출현되면 매수 급소이다. 마찬가지로 가장 중요한 것은 거래량이다. 거래가 증가한다는 것은 다시 시장에 집중이 되고, 누군가 매수를 위해 관심을 갖고 있다는 의미이다.

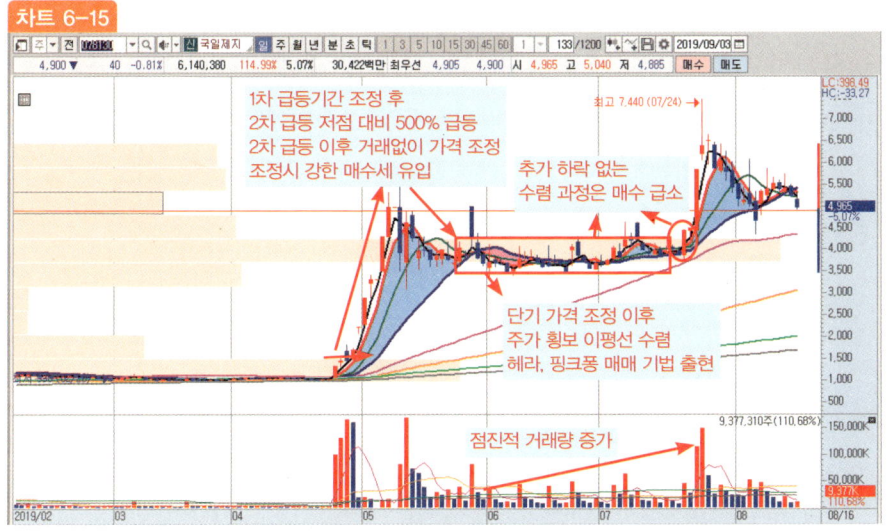

　국일제지는 필자가 2017년 300원대일 때부터 강한 매집 의견을 보인 종목이다. 기업의 내용으로 볼 때 절대 동전주로 머물 종목이 아니라고 강조했다. 중장기 투자를 해도 좋을 만큼 기업 재료나 매집이 강력히 이루어졌다고 수도 없이 강조했다. 한국경제 와우넷에서도 2018년 12월 13일, 14일, 845부근 매집으로 모아 가자고 관심주로 소개했던 종목이다.

　단기 급등을 이루면서 5,600원까지 단기 550% 급등했으나, 조정 시 이 종목은 공략이 가능하다.

　급등한 종목은 아주 큰 악재가 아니라면 직선 급락은 없다. 급락 이후 단기 기술적 반등이라도 고점 대비 70~80%는 나오게 되어 있다. 국일제지처럼 아주 강한 종목이라면 2차 급등 이후 긴 가격 조정과 기간 조정을 보이고, 3차 급등도 출현하게 된다.

　이 관점을 노린 것이 2차 급등주의 눌림목 매수 기법이라고 보면 된다.

　전문가인 필자도 끊임없이 연구하고 변하는 기법에 대해 공부한다.

이 책은 주식은 조심스럽게 원칙만 지키면 수익이 날 수밖에 없다는 것을 설명하고, 그 기법을 소개하고 있다. 내용 중 추가 내용에 대한 궁금증이나 추가 공부를 원한다면 아래 사이트에 접속하면 필자와 함께 힘든 주식시장에서 무궁무진하게 수익을 내는 기법을 공부할 수 있다.

> 고점에서 대주주 물량 체크나 자사주 매도는 단기 악재로 작용할 수 있다. 급등주였던 종목이 고점에서 뉴스와 재료가 보도된 게 없는데도 대주주나 임원이 매도를 했다면 일단 개인 투자자는 물량을 줄이거나 올매도하는 것이 위험을 줄이는 요소이고, 고점 매도 전략일 수 있다.
> 중요한 것은 급등주가 고점에 있을 때는 늘 뉴스를 주의 깊게 봐야 한다는 점이다.

한국경제TV 와우넷
http://www.wownet.co.kr/

한국경제TV 와우넷 카페
http://cafe.wownet.co.kr/chart1807

네이버밴드 차트여신 감은숙
band.us/@stockhacker

카카오톡플러스 친구 등록 감은숙

EPILOGUE

나의 주식 그래프는
언제나
수직 상승한다

**엄마, 아내, 며느리, 주부였던 내가 우리나라 최고의
경제 방송 한국경제TV 와우넷 Best 전문가가 되기까지**

세상에서 가장 정직한 건 시간이라고 했던가.
어느덧 주식 전문가 생활을 시작한지 10여년이 훌쩍 지나 버렸다.
월급 80만원을 받고 작전 세력 사무실에서 아르바이트를 시작하면서 나는 주식을 처음 접하게 됐다.
코스피, 코스닥 지수가 뭔지도 모르는 나에게 주식시장은 너무나도 생소한 신천지였다.
가까운 친지가 내로라하는 번듯한 자리에 있다가 주식으로 온 식구가 고시원을 전전할 만큼 전 재산을 송두리째 날린 걸 봤기 때문에 주식이라는 건 내 인생에 절대 있을 수도, 있어서도 안 되는 단어로 생각했던 나였다.
그런데 언제부터인가 내 인생에서 아드레날린이 가장 많이 분비되는 흥

EPILOGUE 지금부터 주식해도 아파트 산다

미로운 순간이 주식을 접하고 있을 때가 되었다.

    1년여 가량 내가 아르바이트를 했던 곳은 강북의 어느 오피스텔이었다.
    건강한 남자들 5명이 편한 복장으로 모니터 세 개씩을 놓고 뭔지 모를 그래프를 보고 있었다.
    면접을 보고, 아침 8시 40분에 출근해서 3시10분에 퇴근하는, 월 80만원을 받는 나의 주식 인생은 이렇게 시작됐다.
    하루 종일 홍수 같이 쏟아지는 뉴스를 계속 보면서 생소한 단어들 속에서 돈이 될 만한 뉴스를 찾는 일. 그리고 그 회사에 전화를 걸어 주담과 통화를 하는 일. 어느 날은 남편 몰래 몇 억을 대출 받아 손실이 난 아줌마가 되기도 하고, 어느 날은 엄마 몰래 투자해서 결혼 자금 날린 예비 신부가 되기도 했고, 어느 날은 베테랑 강성 주주가 되기도 했다.
    가장 흥미로웠던 일은 급등해서 상한가로 입성한 종목들의 급등 직전 패턴을 분석해서 분류하고, 비슷한 유형의 패턴이 다음날 어떻게 움직이는지를 체크해서 보고하는 일이었다. 이러한 노동의 대가가 월급 80만원이었다.
    상한가가 뭔지도 몰랐던 나는 어떤 모양새가 차트에서 나오면 사람들이 환호하는지를 알게 됐고, 서서히 차트의 그림과 회사의 이슈들, 실적 등이 눈에 들어오기 시작했다.
    그렇게 아주 흥미롭게 주식을 접하며 어느 정도 익숙해질 무렵 그 조직이 해체가 되면서 나는 자연스럽게 실업자가 되었다.

    성악 공부를 했지만, 일찍 결혼을 해서 11개월 차이의 연년생 아들 둘이

4살, 5살이 되어 이제 막 어린이집을 가기 시작한 때였다.

그렇게 재미났던 주식은 직접 매매할 엄두도 못 내고 잠시 잊은 채 우유 배달 1년 6개월, 신문 배달 6개월, 아이북스쿨 도서 배달 6개월, 건강도 챙기고, 돈도 벌고, 낮엔 살림을 하면서 아이들 케어가 가능한 그런 시간들을 보내면서 이제는 좀 생산적인 일을 구체적으로 해보자는 결심을 하게 되었다.

각 지역에 있는 여성발전센터에서 네일 아트, 발 마사지, 미용 기술, 폐백 이바지 음식, 한식 요리 자격증 등 수강료 만원씩을 내고 참 미친 듯이 이것저것 배우러 다녔다.

정말 참 열심히 살았다. 그런데 세상은 불공평하게도 재주가 좀 있다 보니 일복이 많았다.

무슨 때가 되면 막내며느리인데도 먼저 부르시고, 친구들도 도와 달라고 찾고, 여행을 가도 바리바리 싸들고 다녀야 하고, 내 인생이 너무 고달프다는 느낌이 어느 순간 들기 시작했다.

그러다 우연히 어느 식당에서 처음 주식을 접했던 사무실 사람들을 다시 만나게 되었다.

그때 나의 첫마디는 "나도 주식 좀 가르쳐 주세요. 돈을 벌어야 해요. 아주 많은 돈을."이었다.

참 황당했을 법도 한데 그는 흔쾌히 "그럼 내일부터 컴퓨터 한 대, 모니터 2대 들고 사무실로 오세요."라고 했다.

다음날부터 나는 6개월가량 독방에서 혼자 죽어라 차트만 돌려 봤다.

주식을 가르쳐 준 것도 아니고, 매매를 하게 해준 것도 아니고, 그냥 무조건 차트만 보란다.

6개월이 지나고 나서야 나는 내가 살고 있는 강북이 아닌 강서에 있는

EPILOGUE 지금부터 주식해도 아파트 산다

국민은행에 가서 계좌를 개설했다.

그 멀리까지 가서 계좌를 개설하라는 데에도 다 깊은 뜻이 있었다.

50만원을 입금하자, "삼성전자 1주 얼마에 사세요.", "얼마에 다시 1주 파세요."라고 주문했다.

아침 매매 시간이 지나고 10시 무렵부터 그들의 주문에 따라 1주, 10주, 5주를 사고파는 로봇 같은 일을 한달 가량 반복했다.

나중에 생각해 보니 초단타 매매를 위한 실수 없는 매매 훈련이었다.

차트에는 5일선과 20일선 거래량만 세팅하고, 매일 매일 계좌에 남기는 종목 없이 단타 매매를 시작한지 6개월.

50만원으로 시작한 계좌가 자본금 100만원이 되었고, 매매를 하면서 서서히 내 계좌는 130만원, 150만원으로 쑥쑥 늘어나기 시작했다.

어느 날, 드디어 나에게 하산을 하란다. 와, 날아갈 듯한 그때의 기분이란.

하산이란 내일부터는 출근하지 말고 집에서 매일 아침 장 전에 그날의 단타 종목 3개를 골라서 메신저로 보내고, 매매일지를 매일 보고하라는 것이었다. 즉 공간만 독립^^

매일 보내는 3종목만 관심 종목에 두고, 쳐다보고, 매매하고, 그런 반복 속에 소위 말대로 내 간이 커져 버렸다.

계획에도 없던 '루보(쎈코어로 사명 변경, 2018년 상장폐지)'라는 종목이 장중에 갑자기 눈에 확 꽂혀 버렸다. 분명 작전주인데 거래량 없이 하한가 3방(하한가니 당연히 거래량이 없음)을 기록하고, 3번째 하한가가 풀리던 날 과감히 매수를 클릭했다. 조금 오르면 매도 수익, 다시 하락하면 매수, 이런 매매를 오후장

내내 겁나게 반복하고, 꽤나 두둑한 수익을 챙긴 후 칭찬받을 생각에 당당하게 매매일지를 써서 메신저로 넘겼다.

그런데 칭찬은커녕 "감언니! 이런 똥매매할 거면 보따리 싸세요."라고 했다.

나는 "저기요, 그놈의 보따리 싸란 말 좀 그만 하시죠. 이미 보따리 싸들고 하산했는데"라고 했다. 시쳇말로 개긴 거다. 그날 이후 메신저에 그 5명은 로그인을 하지 않았다. 나는 철저히 왕따를 당한 것이다.

나는 곰곰이 고민을 했다.

'찾아가서 무릎을 꿇을 것이냐, 죽기 살기로 주식투자에 성공해서 보란 듯 제도권 안의 유명인사가 될 것이냐.'

내 선택은 후자였다.

그때부터 나는 강연회라는 무료 강연회는 다 찾아다니고, 서점에 앉아 매일매일 책 한권을 정해서 읽고, 노트에 메모해 왔다. 물론 내가 만족스러울 때까지 매매는 쉬었다.

다음 카페, 네이버 카페, 좀 규모 있는 주식 카페는 가입을 해서 손수 종목 상담 글도 올려줘 보고, 자료도 공부하며 오프라인 모임에도 적극 참여했다.

노력하는 자에게는 길이 열린다고 했던가. 다음에서 가장 큰 카페의 회장과 연이 닿아 회원관리와 간단한 초급 강의 등을 하게 되었다.

서서히 나의 대외적인 활동이 시작되자. 참 좋은 지인인 증권사 친구가 나에게 어느 날 이런 질문을 했다.

"너는 주식 전업 매매를 할래, 아님 전문가가 되고 싶냐?"

나는 생각할 틈도 없이 "나는 500만원을 버는 전업보다 100만원을 벌어

EPILOGUE 지금부터 주식해도 아파트 산다

도 좋으니 전문가가 되고 싶어. 내 이름 석자를 알리고, 주식으로 유명인이 되고 싶어. 명예가 좋아."

나는 서서히 전문가의 꿈을 위해 다가서고 있었다.
2007년, 'SBS 스페셜 쩐의 전쟁 우리나라 재야의 고수'에 출연을 하게 됐다.
나의 출연은 예정에도 없었고, 다음 카페 운영자님을 촬영하던 중 여러 질문에 또박또박 정확하게 2천여 개의 종목에 대해 답을 하는 나를 촬영 스텝들이 지목하게 된 것이다.

나의 주식 인생은 여기서부터 시작이 되었다.
'주부 단타 감은숙', 하루 반찬값 정도를 버는 주식하는 단타 아줌마. 그 때부터 나는 주식 전문가로서 첫걸음을 떼기 시작했다.

유튜브나 인터넷을 검색해 보면 난 안티가 많다.
'단타 치던 아줌마가 전문가를 하네?', '뭘 안다고 전문가를 하냐?', '집에 가서 솥뚜껑 운전이나 해라', '불쌍한 개미들 회비로 등쳐먹지 말아라' 등 등. 주식으로 손해를 보았던 사람들이 함부로 댓글을 달았다.
나는 조용히 그들에게 묻고 싶다.
2007년부터 2019년 현재까지 가장 정직하고, 가장 철저하게 시간 관리를 하면서 열심히 살아온 나를 안티하는 당신들은 주식과 관련해서 그동안 뭘 했느냐고.
주식으로 돈은 얼마나 벌었으며, 나보다 실력은 나은지, 나를 욕할 만큼 나보다 더 열심히 주식을 위해 시간과 열정을 투자했는지, 단 한번이라도 내가 하는 전문 방송을 열린 마음으로 보거나 들어 봤는지.

코피를 흘려가며 진심을 다해 리딩하고, 힘들어하는 개인 투자자의 고충담을 들으며, 마이크를 끄고 혼자 눈물을 흘리는 내 진심을 아는지 진정으로 묻고 싶다.

과연 수익이 나는 주식을 하고 있다면 그들이 유튜브나 인터넷을 검색해서 장 마감 후 무료 사이트 등을 전전긍긍하며 귀동냥을 하고 다닐까?

나는 순진하지는 않다. 그러나 아직은 순수하다. 세상에는 좋은 사람이 더 많고, 진심은 통한다고 믿고 있고, 진실은 밝혀진다고 생각하면서 나 자신에게 부끄러운 삶을 살지 않기 위해 노력한다.

수많은 개인 투자자들이 주식시장에서 손실을 보고 할 수 없이 이 합법적인 도박판을 떠나게 된다.

깡통을 차거나 빚을 못 이겨 포기하는 투자자들도 많고, 제발 원금 회복만 하면 주식 따위는 쳐다보기도 싫다고 하는 이들도 너무 많이 봐 왔다.

종목을 매수해 놓고 불과 이삼일, 일주일도 못 기다려서 매도를 하고, 급등주에 올라타고, 매수하자마자 손실이 나고, 손절매 타이밍을 놓쳐서 버티다 못해 가장 최저점에 손절매를 하고, 다음날 그 종목이 나를 버리고 급등하면 땅을 치고 후회한들 이미 내 계좌는 또 손실이다.

계좌의 모든 종목이 파란불이고, 어느 날 한 종목이 튀어 오르면 갑자기 빨간불로 바뀐 종목을 보면서 다시 파란색이 뜰까 봐 전전긍긍, 그러다 본전에 매도하고, 다시는 그런 매매를 하지 말아야지 결심하고는 매도한 현금으로 또다시 뇌동 매매를 한다.

EPILOGUE 지금부터 주식해도 아파트 산다

아마도 이 책을 읽는 독자 중 50% 이상은 이런 악순환의 과정을 경험해 봤을 것이다. 아니 지금도 하고 있을지 모른다.

제발 자만하지 말자.

주식의 왕도는 없다. 100%도 없다. 그저 우리는 수익을 줄 수 있는 경우의 수들이 많은 종목을 확률적으로 고르고 또 고르면 된다. 수익을 많이 내는 사람은 목소리가 크지 않다. 아마도 주식을 하고 있는지조차도 모를 경우가 많다. 목소리가 크고 주식 기법을 공공연하게 논하는 개인 투자자 중 열의 여덟은 어쩌다 수익이 난 메뚜기일 것이다.

주식은 살아 있는 생물이고, 어디로 튈지 알 수 없다.

변화무쌍한 시장 속에서 우리가 수익을 낼 수 있는 단 한가지 원칙은 '저점 매수, 고점 매도'다.

지금까지 주식으로 일희일비하고 죽고 싶은 마음이 들었다거나, 악순환의 연결고리에서 족쇄 노릇을 하고 있다면, 그들에게 거두절미하고 이 책을 최소 5번은 정독하라고 당부하고 싶다.

아마도 당신의 주식 인생 최대, 최고의 변곡점이 될 수 있는 의식주 서적이 될 것이다.

자, 주식 지금부터 다시 시작이다!

'It's a start from now on!'